K. B. Saxena

# Impacto do projeto de desenvolvimento no feijão bóer em Odisha, Índia

ScienciaScripts

**Imprint**

Any brand names and product names mentioned in this book are subject to trademark, brand or patent protection and are trademarks or registered trademarks of their respective holders. The use of brand names, product names, common names, trade names, product descriptions etc. even without a particular marking in this work is in no way to be construed to mean that such names may be regarded as unrestricted in respect of trademark and brand protection legislation and could thus be used by anyone.

Cover image: www.ingimage.com

This book is a translation from the original published under ISBN 978-620-2-02929-2.

Publisher:
Sciencia Scripts
is a trademark of
Dodo Books Indian Ocean Ltd. and OmniScriptum S.R.L publishing group

120 High Road, East Finchley, London, N2 9ED, United Kingdom
Str. Armeneasca 28/1, office 1, Chisinau MD-2012, Republic of Moldova, Europe

**ISBN: 978-620-8-20148-7**

Copyright © Rosana Mula, Myer Mula, K. B. Saxena
Copyright © 2024 Dodo Books Indian Ocean Ltd. and OmniScriptum S.R.L publishing group

Rosana Mula
Myer Mula
K. B. Saxena

**Impacto do projeto de desenvolvimento no feijão bóer em Odisha, Índia**

# Impacto de um projeto de desenvolvimento no feijão bóer em Odisha, Índia

Rosana P Mula, Myer G Mula e KB Saxena

# Índice

Agradecimentos ................................................................................. 3

RESUMO EXECUTIVO ..................................................................... 4

CAPÍTULO 1. INTRODUÇÃO ............................................................ 5

CAPÍTULO 2. MATERIAIS e MÉTODOS .......................................... 6

CAPÍTULO 3. RESULTADOS E DISCUSSÕES ............................... 8

CAPÍTULO 4. RESUMO, CONCLUSÃO e RECOMENDAÇÃO ..... 46

REFERÊNCIAS ............................................................................... 49

ANEXO ............................................................................................ 50

# Agradecimentos

Gostaríamos de agradecer às muitas pessoas que tão generosamente contribuíram para o projeto intitulado "Introdução e Expansão da Tecnologia de Produção Melhorada de Feijão-Porco *(Arhar)* em Ecossistemas de Terras Altas de Odisha alimentados pela chuva".

Uma menção especial vai para o Departamento de Agricultura do Governo de Odisha (DoA, Govt of Odisha) e para a Direção do ICRISAT. A investigação tem sido uma experiência espantosa, sabendo que a tecnologia ICRISAT fez realmente a diferença na vida dos pequenos agricultores. Expressamos a nossa profunda gratidão ao Diretor RS Gopalan e ao Diretor Adjunto SK Das do DoA, Governo de Odisha, não só pelo seu enorme apoio, mas também por nos darem uma oportunidade maravilhosa de saber mais sobre Odisha e o seu povo maravilhoso.

Do mesmo modo, a nossa profunda gratidão vai para Sarat Kumar Tripathy (coordenador estatal), Santosh Kumar Mohanty (coordenador distrital de Rayagada e Boudh), Juli Das e Purna Singh (coordenador distrital de Kalahandi) e Yashobanta Naik (coordenador distrital de Nuapada e Bolangir), que constituíram um grupo de profissionais verdadeiramente dedicados. Agradecemos igualmente a todos os agricultores inquiridos a sua cooperação, especialmente por terem partilhado os seus pontos de vista e opiniões com tanta boa vontade.

Por último, mas não menos importante, os agradecimentos vão para CVS Kumar e RV Kumar (Pigeonpea Breeding - ICRISAT); Abishek Rathore e M Ravikanth pela análise estatística; e para T Mohini, Niharika Lenka e Kanika Singh pela sua ajuda na conclusão do relatório.

# RESUMO EXECUTIVO

Em zonas menos dotadas, os agricultores lidam com a situação recorrendo a várias estratégias de sobrevivência que incluem a diversificação, o esgotamento e a proteção dos seus recursos (Frankerberger e Goldstein, 1990). Em regiões propensas à seca, especificamente na Índia, a gestão dos recursos torna-se ainda mais crítica devido às diferenças na quantidade e distribuição da precipitação. O feijão-frade (Cajanus cajan (L) Millspaugh) é uma das mais importantes culturas de leguminosas da Índia devido ao seu elevado teor de proteínas (22-24%), que serve de carne para a população vegetariana. Dá-se bem em solos de baixa fertilidade, o que o torna um favorito entre os agricultores de subsistência. O feijão-frade é inteligente do ponto de vista climático e cresce bem em climas quentes e húmidos; prospera sob precipitação anual entre 24 e 40 polegadas (600-1000 mm). É geralmente cultivado onde as temperaturas são de 64-85 °F (18-30 °C), mas em condições de solo húmido pode suportar temperaturas de 95 °F (35 °C) ou mais. Uma vez estabelecida, é uma das leguminosas mais tolerantes à seca e pode ser cultivada em condições de sequeiro ou com irrigação mínima, típica do estado de Odisha. No entanto, a produtividade do feijão-frade em Odisha é de apenas 231 kg/ha (Mula e Saxena, 2012) e 269 kg/ha (Mula e Saxena, 2013), muito abaixo da produtividade nacional de 700 kg/ha, devido ao cultivo de variedades autóctones (8-9 meses) e à baixa taxa de substituição de sementes (2-3%) (Mula, 2012).

As zonas de sequeiro de Odisha têm um enorme potencial para a expansão de variedades e híbridos de feijão-frade de curta e média duração e de elevado rendimento. No entanto, a maioria dos agricultores destes ecossistemas de montanha de sequeiro não tem acesso a cultivares de feijão-frade e a práticas de gestão melhoradas. Com esta noção, o projeto "Introdução e expansão de tecnologias melhoradas de produção de feijão-frade (Arhar) em ecossistemas de terras altas de sequeiro de Odisha" foi implementado em 2011 por um período de 4 anos. O projeto foi implementado através de uma abordagem participativa dos agricultores para desenvolver meios de subsistência sustentáveis no Estado através da produção melhorada de feijão-frade. O número total de inquiridos para este estudo foi de 823, consistindo em cinco distritos para a tecnologia de produção melhorada de feijão-frade (IPPT) e o ensaio de seleção participativa de variedades pelos agricultores (FPVST), três distritos para a produção de sementes (SP), três moinhos de Dal e dois armazéns.

A avaliação levou a cabo um estudo detalhado sobre vários tópicos de interesse e importância, como a dimensão da exploração agrícola e a disponibilidade de irrigação, fontes de agro-informação, recursos pecuários, participação do género, calendário de colheitas, custo de produção, relação custo-benefício da produção de sementes, utilização da produção de feijão bóer, adoção de tecnologias, aplicação de fertilizantes, aplicação de insecticidas, sementeira em linha em camalhões e monda. O relatório também dá uma ideia clara sobre os problemas e constrangimentos enfrentados durante o projeto, o início do projeto e o grau de satisfação com as actividades de reforço de capacidades, os materiais de IEC acedidos, o grau de satisfação com os papéis dos principais intervenientes, os principais factores/constrangimentos no fornecimento de tecnologias de feijão-frade e as repercussões.

O estudo foi efectuado em zonas com uma grande variedade de caraterísticas sociodemográficas, que incluem pessoas de todos os grupos etários, sexo, estado civil e habilitações literárias. Verificou-se um aumento da participação das mulheres (34%) no âmbito das actividades do projeto. As mulheres participantes aprenderam a semear em linha, bem como a melhorar as práticas de armazenamento de sementes, ao mesmo tempo que participaram em várias práticas de gestão cultural. Os inquiridos foram apresentados a uma série de tecnologias que não eram praticadas anteriormente, como a introdução de novas variedades de alto rendimento (duração média), a taxa de sementes da prática do agricultor de 20-25 kg/ha para 12 kg/ha, a aplicação de fertilizantes (100 kg DAP/ha), a aplicação de insecticida, a monda, a consociação de culturas e a sementeira em linha. Verificou-se que os inquiridos foram beneficiados com a introdução destas tecnologias e obteve-se um resultado positivo na sua resposta. Foi observado um aumento distinto/percetível na produtividade de pelo menos 70% em relação às variedades autóctones e no rendimento líquido de pelo menos 170-190% dos inquiridos após a adoção das tecnologias supracitadas nas práticas de gestão do feijão-frade. De acordo com o quadro de resumo dos benefícios do projeto, o ganho do investimento é de aproximadamente 308% ou quatro vezes o investimento.

# CAPÍTULO 1. INTRODUÇÃO

O projeto intitulado "Introdução e expansão de tecnologias melhoradas de produção de feijão-frade *(Arhar)* em ecossistemas de terras altas de Odisha alimentados pela chuva" foi implementado em 2011 com uma duração de quatro (4) anos. O projeto foi iniciado com o esforço combinado do ICRISAT, do Departamento de Agricultura (DA), do Governo de Odisha e de ONG locais, com o objetivo de introduzir e expandir a produção de variedades e híbridos de feijão-frade de elevado rendimento, através da iniciação, seleção e promoção por meio de uma abordagem participativa dos agricultores, com vista ao desenvolvimento de meios de subsistência sustentáveis no Estado através da produção melhorada de feijão-frade. O projeto é dirigido e implementado pelos agricultores e é propriedade destes. Os investigadores e agentes de extensão desempenham um papel catalisador e orientador, fornecendo opções técnicas aos agricultores e ajudando-os a fazer escolhas adequadas. O relatório destaca os parâmetros de sucesso, as preocupações e as limitações que impediram a realização do objetivo do projeto e sugere recomendações para manter a sustentabilidade a longo prazo e a expansão do projeto noutras áreas de Odisha ou da Índia.

Com o projeto a chegar ao seu terceiro ano de execução, é importante uma atividade de avaliação para determinar se houve alguma(s) mudança(s) provocada(s) pelo projeto em resultado das várias atividades implementadas. O conhecimento do(s) efeito(s) das intervenções para os agricultores será um critério importante não só para determinar a melhor forma de manter os resultados obtidos, mas também para o processo de aumento de escala (ou seja, fazer avançar o projeto para outras partes de Odisha e incorporar outras componentes). Os resultados iniciais demonstraram o êxito significativo do projeto e que está em preparação um plano de expansão.

Esta proposta prospetiva deve ser objeto de uma atenção especial, a fim de tirar o máximo partido dos recursos e de dar sentido aos beneficiários visados - os pequenos agricultores rurais.

**Objetivo**

O objetivo primário do projeto do feijão bóer é introduzir e expandir a produção de variedades e híbridos de feijão bóer do ICRISAT de elevado rendimento, através da iniciação, seleção e promoção por meio de um modo participativo dos agricultores. Assim, a avaliação proposta tentou identificar os parâmetros de sucesso, as preocupações e os constrangimentos que impediram a realização do objetivo do projeto.

Especificamente, a presente proposta de avaliação de impacto:

1. Determinação do grau de adoção do pacote de tecnologias pelos agricultores, que inclui: variedades e híbridos resistentes a doenças de alto rendimento

2. Identificou as lacunas, as limitações e os ensinamentos para melhorar a execução das intervenções e actividades. Tal incluiria o sistema de distribuição de sementes, o reforço das capacidades, a ligação da produção à transformação e comercialização *do dal*

3. Identificou e analisou áreas críticas sobre a sustentabilidade a longo prazo dos resultados/impactos do projeto e sugeriu recomendações para manter a sustentabilidade a longo prazo.

Foi dada atenção às diferenças entre as localizações, a fim de obter melhores conhecimentos para melhorar as actividades de futuros projectos de natureza semelhante. Foram identificados indicadores para articular as provas da contribuição do projeto.

## CAPÍTULO 2. MATERIAIS e MÉTODOS

A avaliação intercalar realizada em 2014 foi uma iniciativa interna do Instituto Internacional de Investigação Agrícola para os Trópicos Semi-Áridos (ICRISAT) com uma forte participação dos parceiros locais, nomeadamente das organizações não governamentais, que também foram os enumeradores. O conteúdo e o processo da avaliação foram debatidos com os principais cientistas envolvidos no projeto, o que levou a uma melhor elucidação da mecânica, à identificação dos indicadores mais adequados, ao acordo sobre o resultado do estudo de impacto e ao apoio total ao estudo.

O instrumento de inquérito foi preparado em estreita consulta com os cientistas do ICRISAT que estavam envolvidos no projeto. Foram obtidos dados quantitativos e qualitativos através de um formulário de inquérito traduzido em "Oriya". Durante a fase de pré-teste, a fundamentação, o instrumento de inquérito e os resultados esperados da avaliação foram discutidos com as instituições em causa. O tema principal do inquérito era a adoção de tecnologias melhoradas de produção de feijão-frade, incluindo variedades melhoradas e práticas agronómicas. Uma componente muito importante da intervenção é o sistema de sementes, que determina o aumento da produtividade, a sustentabilidade e a parceria eficiente.

O formulário do inquérito foi pré-testado nos cinco distritos (Bolangir, Boudh, Kalahandi, Nuapada e Rayagada) para aumentar a exatidão e a eficácia do instrumento. A análise foi efectuada com a utilização do software SAS (SAS/STAT 9.3 User's Guide, 2013). As diversas variáveis obtidas dos 823 inquiridos (Quadro 1 e Figura 1), representando cinco distritos e cinco tipos de participantes: Tecnologia de Produção de Feijão-frade Melhorada (IPPT), Produção de Sementes (SP), Ensaio de Seleção Participativa de Variedades pelos Agricultores (FPVST), operadores de moinhos de Dal e operadores de armazéns, foram testadas quanto ao pressuposto de normalidade através do Teste de Shapiro-Wilk. Nos casos em que os pressupostos de normalidade foram violados, foi utilizado um teste não paramétrico, o teste Wilcoxon Signed-Rank, para determinar diferenças significativas. Para as variáveis que cumpriram o pressuposto da normalidade, foi efectuado o teste T habitual. A projeção da produção e da área de feijão-frade foi estimada através da Taxa de Crescimento Anual Composta.

Tabela 1. Número de inquiridos por categoria e distrito.

| Particularidades | Bolangir | Boudh | Kalahandi | Nuapada | Rayagada | Total |
|---|---|---|---|---|---|---|
| IPPT | 106 | 67 | 153 | 216 | 103 | 645 |
| SP |  |  | 44 | 102 | 15 | 161 |
| FPVST | 1 |  | 4 | 5 | 2 | 12 |
| Moinho de dali |  |  | 1 | 1 | 1 | 3 |
| Armazém |  |  | 1 | 1 |  | 2 |
| Total geral | 107 | 67 | 203 | 325 | 121 | 823 |

BNI- 5198
ANI- 12688

BNI- 3500
ANI- 11945

Bolangir
Boudh
Nuapada
Kalahandi

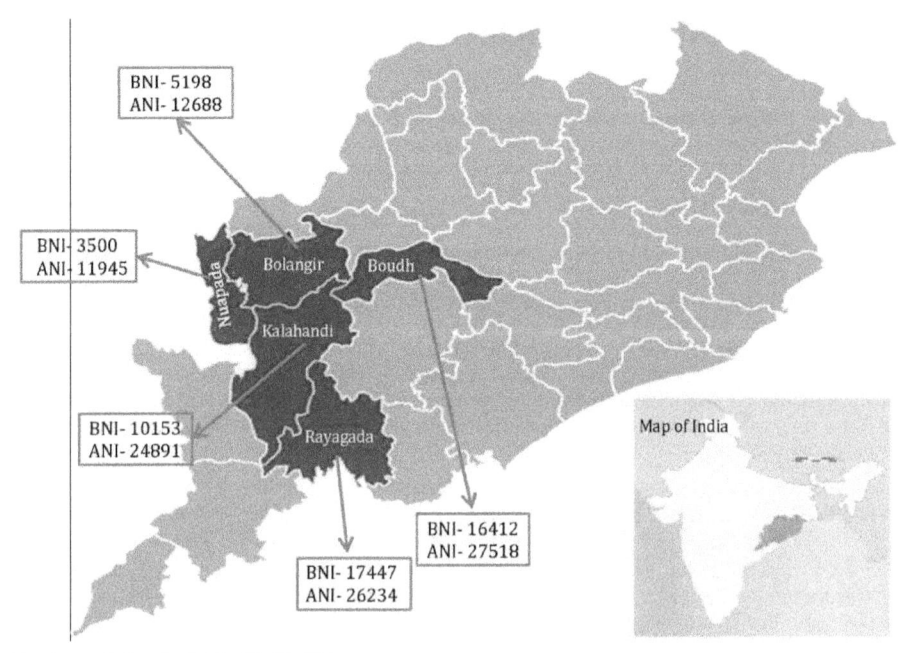

BNI- 10153
ANI- 24891

Rayagada

BNI- 16412
ANI- 27518

BNI- 17447
ANI- 26234

Map of India

BNI- Antes do Resultado Líquido (Rs/Ha)
ANI- Após o Resultado Líquido (Rs/Ha)

Figura 1. Mapa de Odisha e os distritos abrangidos

# CAPÍTULO 3. RESULTADOS E DISCUSSÕES

**1.0 Tecnologia de produção melhorada de feijão boer (IPPT).** O número total de inquiridos para a IPPT é de 645, abrangendo 15 blocos (Bangomunda, Bolangir; Kantamal, Boudh; Bhawanipatna, Dharamgarh, Golamunda, Kesinga, Lanjigarh e Narla em Kalahandi; Boden, Kahariar, Komna e Sinapali em Nuapada; e Kalyanisingpur, Kolnara e Rayagada em Rayagada).

*Informação sócio-demográfica.* Os agricultores inquiridos em todos os distritos pertenciam maioritariamente à faixa etária dos 25-64 anos (Quadro 2). Nos distritos de Bolangir e Rayagada, os agricultores inquiridos pertenciam à faixa etária dos 45-64 anos, ao passo que em Boudh, Kalahandi e Nuapada a faixa etária era dos 25-44 anos. Este facto implica um grupo jovem de agricultores nos locais de estudo, o que evidencia a necessidade de lhes prestar mais apoio, especialmente se quisermos garantir uma produção sustentável de alimentos e de qualidade nutricional. No recém-concluído Ano Internacional da Agricultura Familiar, foi manifestado o desejo de aumentar o nível de sensibilização para a questão demográfica na agricultura, especialmente para a importância dos jovens agricultores na continuação do venerado modelo de agricultura familiar e na garantia do futuro da produção alimentar global (http://www.ceja.eu/en/media-centre; 14 de fevereiro de 2014).

A maioria dos inquiridos é do sexo masculino (Bolangir, 97%; Boudh, 100%; Kalahandi, 93%; Nuapada, 95%; e Rayagada, 99%) com algumas mulheres (Bolangir, 3%; Kalahandi, 7%; Nuapada, 5%; e Rayagada, 1%). Quase todos os inquiridos são casados e têm algum grau de instrução.

*Filiação a organizações.* Entre os cinco distritos, é em Boudh que 6% do total de inquiridos expressaram a sua adesão a grupos de autoajuda (SHGs). As principais razões para o seu envolvimento incluem: poupança, melhor coleta de dinheiro, acesso a informação sobre notícias relevantes sobre o desenvolvimento agrícola e rural e acesso a provisão para algumas necessidades do agregado familiar. Tal como se depreende do quadro 3, há um maior número de agricultores inquiridos que não são membros e as razões para tal são a falta de interesse em quase todos os distritos, a falta de sensibilização em Kalahandi, a falta de recursos (algum dinheiro para poupar) e devido a disputas comunitárias em Nuapada. Outras razões incluem o limite de idade para se ser membro e o facto de os SHGs se terem tornado inactivos. Outros não gostaram de exprimir as suas opiniões.

*Sistema de exploração agrícola*

*Tamanho da exploração e disponibilidade de irrigação.* A dimensão das explorações agrícolas dos inquiridos variava entre a categoria marginal (menos de 1 ha) e a média (4-10 ha) (Quadro 4). A dimensão das explorações agrícolas em Bolangir, Boudh, Nuapada e Rayagada é, na sua maioria, pequena (1,01-2,00 ha) e algumas são médias (4,01-10,00 ha). Kalahandi registou o maior número de agricultores com explorações de dimensão semi-média (2,01-4,00 ha) e também de categoria média. A classificação utilizada para agrupar a dimensão das explorações agrícolas dos inquiridos baseia-se nos dados utilizados pela Direção de Economia e Estatística de Odisha (http://desorissaa.nic.in/Agcensus.html).

A maior parte dos locais de estudo são de sequeiro, especialmente em Boudh, Kalahandi e Nuapada. No entanto, muitos dos inquiridos dispõem também de instalações de irrigação (73% Bolangir, 40% Boudh, 31% Kalahandi, 5% Nuapada e 59% Rayagada) de vários tipos, tais como poço, poço escavado, lago agrícola, rio e elevador.

*Fontes de agro-informação.* Os agricultores inquiridos deram respostas diversificadas sobre as fontes de agro-informação mais procuradas (Quadro 5). Curiosamente, o ICRISAT é considerado como uma das cinco principais fontes de agro-informação. Está classificado em 2.º lugar em quatro distritos, exceto em Bolangir, onde está classificado em 5.º lugar. Apesar de o projeto de feijão bóer implementado pelo ICRISAT ter menos de dois anos nestes distritos, o ICRISAT provou ter dado contributos significativos para a melhoria das actividades agrícolas.

*Recursos pecuários.* Quase toda a gente possuía diversos tipos de gado, tais como vacas, cabras, etc. (Quadro 6). Pode deduzir-se do quadro que as vacas e as cabras constituem o maior número. De acordo com os inquiridos, estes são importantes; a vaca é utilizada não só para a força de tração mas também como fonte de leite e as cabras, para carne e leite. Outros criam patos e ovelhas.

*Sistema de cultivo de feijão-frade: Perspetiva da IPPT*

**Calendário de cultivo.** O feijão bóer é uma das culturas mais versáteis que pode ser cultivada na maioria dos tipos de solo como cultura intercalar ou única. Em todos os distritos, o feijão bóer é uma componente integral do sistema agrícola dos inquiridos. É cultivado nos meses de junho-julho e colhido em dezembro-janeiro. Outras culturas incluem outros grãos e cereais (Figura 2).

As culturas mais comuns cultivadas em associação com o feijão-frade são a grama preta, o algodão, o milheto, a grama verde, o amendoim, o milho, o arroz e a lentilha preta. As culturas intercalares mais prevalecentes são o algodão (rácio de 1:4), o amendoim (rácio de 1:5) e a grama preta (rácio de 1:5), como mostra o Quadro 7.

Tabela 2. Informações sócio-demográficas

| Particularidades | Bolangir (n= 106) | | Boudh (n= 67) | | Kalahandi (n= 153) | | Nuapada (n= 216) | | Rayagada (n= 103) | |
|---|---|---|---|---|---|---|---|---|---|---|
| | Não. | % | Não. | % | Não. | % | Não. | % | Não. | % |
| **Grupo etário** | | | | | | | | | | |
| 18 - 24 anos | - | - | 1 | 1 | - | - | 2 | 1 | - | - |
| 25 - 44 anos | 33 | 31 | 38 | 57 | 84 | 55 | 112 | 52 | 37 | 36 |
| 45 -64 anos | 46 | 43 | 22 | 33 | 61 | 40 | 90 | 42 | 66 | 64 |
| 65 -74 anos | 23 | 22 | 6 | 9 | 8 | 5 | 11 | 5 | - | - |
| Mais de 75 anos | 4 | 4 | - | - | - | - | 1 | - | - | - |
| **Género** | | | | | | | | | | |
| Masculino | 103 | 97 | 67 | 100 | 143 | 93 | 206 | 95 | 102 | 99 |
| Feminino | 3 | 3 | - | - | 10 | 7 | 10 | 5 | 1 | 1 |
| **Estado civil** | | | | | | | | | | |
| Casado | 105 | 99 | 58 | 87 | 151 | 99 | 211 | 98 | 103 | 100 |
| Individual | 1 | 1 | 9 | 13 | 2 | 1 | 5 | 2 | - | - |
| **Habilitações literárias** | | | | | | | | | | |
| 1st - 5th | 18 | 17 | 27 | 40 | 28 | 18 | 48 | 22 | 75 | 73 |
| 6th - 10th | 37 | 35 | 18 | 27 | 89 | 58 | 104 | 48 | 5 | 5 |
| Acima de 10th | 10 | 9 | 3 | 4 | 11 | 7 | 17 | 8 | 1 | 1 |
| Analfabeto | 40 | 38 | - | - | 15 | 10 | 38 | 18 | - | - |
| Sem resposta | 1 | 1 | 19 | 28 | 10 | 7 | 9 | 4 | 22 | 21 |

Tabela 3. Filiação a organizações

| Particularidades | Bolangir (n= 106) | | Boudh (n= 67) | | Kalahandi (n= 153) | | Nuapada (n= 216) | | Rayagada (n= 103) | |
|---|---|---|---|---|---|---|---|---|---|---|
| | Não. | % | Não. | % | Não. | % | Não. | % | Não. | % |
| **Participação em SHG/ Organização** | | | | | | | | | | |
| Sim | 59 | 56 | 4 | 6 | 29 | 19 | 73 | 34 | 52 | 50 |
| Não | 47 | 44 | 63 | 94 | 123 | 80 | 140 | 65 | 51 | 50 |
| Sem resposta | - | - | - | - | 1 | 1 | 3 | 1 | - | - |
| **Função no GAA/ organização** | | | | | | | | | | |

| | | | | | | | | | |
|---|---|---|---|---|---|---|---|---|---|
| Membro | 49 | 83 | 4 | 100 | 12 | 41 | 54 | 74 | 44 | 85 |
| Funcionário | 9 | 15 | - | - | 6 | 21 | 19 | 26 | 8 | 15 |
| Sem resposta | 1 | 2 | - | - | 11 | 38 | - | - | - | - |
| **Actividades em SHG** | | | | | | | | | | |
| Poupança | - | - | - | - | - | - | 15 | 21 | 5 | 10 |
| Recolha de dinheiro | 55 | 93 | - | - | 8 | 28 | 5 | 7 | - | - |
| Educação, sensibilização para a agricultura e o desenvolvimento rural | 1 | 2 | 4 | 100 | 1 | 3 | 42 | 58 | 14 | 27 |
| Fornecimento de bens de primeira necessidade | 1 | 2 | - | - | 2 | 7 | 4 | 5 | 7 | 13 |
| Sem resposta | 2 | 3 | - | - | 18 | 62 | 6 | 8 | 26 | 50 |
| **Razões para a não adesão** | | | | | | | | | | |
| Sem interesse | 47 | 100 | - | - | 92 | 75 | 79 | 56 | 30 | 59 |
| Falta de sensibilização | - | - | - | - | 25 | 20 | - | - | - | - |
| Falta de recursos | - | - | - | - | - | - | 23 | 16 | - | - |
| Falta de paz na comunidade | - | - | - | - | 1 | 1 | 29 | 21 | - | - |
| Outros | - | - | - | - | - | - | 9 | 6 | 7 | 14 |
| Sem resposta | - | - | 63 | 100 | 5 | 4 | - | - | 14 | 27 |

Quadro 4. Sistema de exploração agrícola

| Particularidades | Bolangir (n= 106) | | Boudh (n= 67) | | Kalahandi (n= 153) | | Nuapada (n= 216) | | Rayagada (n= 103) | |
|---|---|---|---|---|---|---|---|---|---|---|
| | Não. | % | Não. | % | Não. | % | Não. | % | Não. | % |
| **Dimensão da exploração** | | | | | | | | | | |
| Marginal | 4 | 4 | 15 | 22 | 1 | 1 | 80 | 37 | 36 | 35 |
| Pequeno | 101 | 95 | 31 | 46 | 39 | 25 | 114 | 53 | 52 | 50 |
| Semi-médio | 1 | 1 | 19 | 28 | 82 | 54 | 20 | 9 | 14 | 14 |
| Médio | - | - | 2 | 3 | 19 | 12 | - | - | 1 | 1 |
| Sem resposta | - | - | - | - | 12 | 8 | 2 | 1 | - | - |
| **Irrigação** | | | | | | | | | | |
| Sim | 77 | 73 | 27 | 40 | 47 | 31 | 10 | 5 | 61 | 59 |
| Não | 29 | 27 | 40 | 60 | 106 | 69 | 206 | 95 | 42 | 41 |
| **Tipo de irrigação** | | | | | | | | | | |
| Perfurar poço | 38 | 19 | 5 | 7 | 2 | 1 | - | - | - | - |
| Poço escavado | 39 | 20 | 5 | 7 | 32 | 21 | 2 | 1 | - | - |
| Alimentado pela chuva | 29 | 15 | 38 | 57 | 114 | 75 | 206 | 95 | 43 | 42 |
| Lago da quinta | - | - | 12 | 18 | - | - | 2 | 1 | 8 | 8 |

| Rio | - | - | 6 | 9 | - | - | 1 | - | - | - |
| --- | --- | --- | --- | --- | --- | --- | --- | --- | --- | --- |
| Elevador | - | - | - | - | - | - | 3 | 1 | - | - |
| Outros (canal, recolha de água, etc.) | - | - | 9 | 13 | 5 | 3 | 2 | 1 | 52 | 50 |

**Legenda:**  Marginal     < 1,01 ha
           Pequeno     1,01 - 2,00 ha
           Semi-médio     2,01 - 4,00 ha
           Médio     4.01 - 10.00 ha
           Grande     > 10,00 ha

*Participação do género.* As empresas agrícolas nos cinco distritos revelaram que a maioria das operações agrícolas é efectuada por homens. No entanto, há também evidências da participação das mulheres. Quase todos os inquiridos afirmaram que os homens e as mulheres têm uma participação quase igual nas várias operações agrícolas. O distrito de Kalahandi é o que apresenta a menor participação de mulheres (Quadro 8, Anexo 1).

Na cultura do feijão-frade, em particular, o papel das mulheres é imenso. Das várias operações agrícolas, as mulheres participam maioritariamente na plantação, colheita, debulha, limpeza das sementes, tratamento das sementes e preparação do dal (Figura 3). O projeto do feijão bóer aumentou a participação das mulheres, especialmente nos distritos de Bolangir e Nuapada. A obtenção de melhores rendimentos despertou o interesse das mulheres pelo cultivo do feijão-frade. As comunidades tribais consideraram o projeto como um ponto de entrada para uma maior participação das mulheres em Rayagada. Os agricultores inquiridos afirmaram que tecnologias como a sementeira em linha e a melhoria da produção de sementes armazenadas foram as que mais contribuíram para o projeto (Quadro 9, Anexo 2).

*Custo de produção.* Antes do projeto de feijão-guandu implementado nos cinco distritos pelo ICRISAT em parceria com o Departamento de Agricultura do Governo de Odisha, os materiais de plantação dos agricultores eram, na sua maioria, raças terrestres, do tipo de longa duração e cultivados com recurso a práticas tradicionais de gestão cultural. O rendimento nestas condições variou entre 218 e 842 kg/ha, com um rendimento líquido de Rs 2470 a 17447 e um rácio BC de 0,40 a 2,81. O rácio médio BC é de aproximadamente 1: 1,51 (Quadro 10).

Verifica-se um aumento significativo do rendimento e, correspondentemente, do rendimento em resultado da introdução do projeto de feijão-frade com o seu início em 2011 (Quadro 11). O rendimento quase duplicou, com um intervalo de 515 - 1093 kg/ha e um rendimento líquido de Rs 11549 - 28422 e um rácio BC de 1,47 - 4,12. O rácio médio BC é estimado em 1:2,3. Isto está em conformidade com Deepak Mohanty, S.C.Patnaik, P.Jeevan Das, N.K.Parida e M.Nedunchezhiyan (2010), onde se verificou um aumento do rendimento monetário líquido (RMN), bem como do rácio benefício-custo, devido a alterações no sistema de cultivo e à introdução do feijão-frade como parte do mesmo.

Com base no rendimento líquido estimado (Quadro 12), existe uma diferença significativa a nível distrital e em todos os distritos combinados. Da mesma forma, o rendimento líquido estimado de acordo com o tamanho da exploração agrícola mostrou uma diferença significativa a um nível de significância de 0,5 (Figura 4). Isto implica não só que o projeto está a progredir nestes distritos, mas também que a parceria entre o ICRISAT e a DA, Governo de Odisha, contribuiu para aumentar os ganhos económicos da cultura melhorada do feijão-frade. Os prémios de melhor agricultor em leguminosas (especificamente de feijão-frade) a nível distrital, estatal e nacional falam por si do impacto do projeto ICRISAT-DA.

Quadro 5. Fontes de informação agrícola

| Classificação | Bolangir (n= 106) | Boudh (n= 67) | Kalahandi (n= 153) | Nuapada (n= 216) | Rayagada (n= 103) |
|---|---|---|---|---|---|
| Classificação 1 | - Rádio (94%) | - Clube agrícola (43%) | - Pessoal do ICRISAT (54%) | - Departamento de Agricultura e Departamento de Linhas (44%) | - ONG (72%) |
| Classificação 2 | - Televisão (39%) | - Pessoal do ICRISAT (36%) | - Pessoal do ICRISAT (36%) | - Pessoal do ICRISAT (25%) | - Pessoal do ICRISAT (72%) |
| Classificação 3 | - Trabalhadores das aldeias (97%) | - ONG (33%) | - Trabalhadores das aldeias (20%) | - Clube agrícola (19%) | - Departamento de Agricultura e Departamento de Linhas (70%) |
| Classificação 4 | - Clube agrícola (80%) | - ONG (27%) | - Televisão (20%) | - Rádio (16%) | - Televisão (72%) |
| Classificação 5 | - Pessoal do ICRISAT (1%) | - Pessoal do ICRISAT (7%) | - Rádio (7%) | - Impressões (11%) | - Impressões (70%) |

Nota: (Ordenar por ordem decrescente, do mais importante para o menos importante, sendo 1 o mais importante)

Tabela 6. Recursos pecuários (%)

| Pecuária | Bolangir (n= 106) | Boudh (n= 67) | Kalahandi (n= 153) | Nuapada (n= 216) | Rayagada (n= 103) |
|---|---|---|---|---|---|
| Boiada | 31 | 3 | 31 | 34 | 94 |
| Vaca | 95 | 37 | 92 | 56 | 71 |
| Cabra | 88 | 54 | 77 | 48 | 21 |
| Frango | 25 | - | - | 2 | - |
| Outros | 33 | 70 | - | 15 | 56 |

Tabela 7. Participação do género

| Localização | Participação do género (%) | | | |
|---|---|---|---|---|
| | Masculino | Feminino | Ambos | Sem resposta |
| Bolangir (n= 106) | 43 | 19 | 37 | 1 |
| Boudh (n= 67) | 38 | 8 | 54 | - |
| Kalahandi (n= 153) | 78 | 15 | 5 | 2 |
| Nuapada (n= 216) | 23 | 11 | 62 | 4 |
| Rayagada (n= 103) | 13 | 32 | 54 | - |

Quadro 8. Culturas intercalares de feijão-frade

| Cultura | Rácio (feijão bóer : outra cultura) | | | | | | | | | | | | | | |
|---|---|---|---|---|---|---|---|---|---|---|---|---|---|---|---|
| | 1:1 | 1:2 | 1:3 | 1:4 | 1:5 | 1:7 | 1:8 | 1:9 | 1:10 | 2:5 | 2:7 | 4:2 | 4:5 | 5:1 | 6:1 | 6:2 |
| Lentilha preta | - | - | - | - | - | - | - | - | 1 | - | - | - | - | - | - | - |
| Grama preta | - | 1 | - | 1 | 14 | - | - | 1 | - | 2 | - | - | - | 10 | - | - |
| Algodão | 3 | 3 | 2 | 99 | - | 2 | 1 | - | 1 | - | - | 1 | 1 | - | - | 1 |

| | | | | | | | | | | | | | | | |
|---|---|---|---|---|---|---|---|---|---|---|---|---|---|---|---|
| Milho painço | - | - | - | 5 | - | - | - | - | - | - | - | - | - | - | - |
| Grama verde | - | - | - | 5 | - | - | - | - | - | - | - | - | - | - | - |
| Amendoim | - | - | 7 | - | 28 | - | - | - | - | - | - | - | 4 | 12 | - | - |
| Milho | 1 | 12 | 1 | - | - | - | - | - | - | - | - | - | - | - | - |
| Milheto de pérola | - | 1 | - | - | - | - | - | - | - | - | - | - | - | - | - |
| Paddy | - | - | 2 | 7 | 3 | - | 1 | 1 | - | - | - | - | - | - | 2 | - |

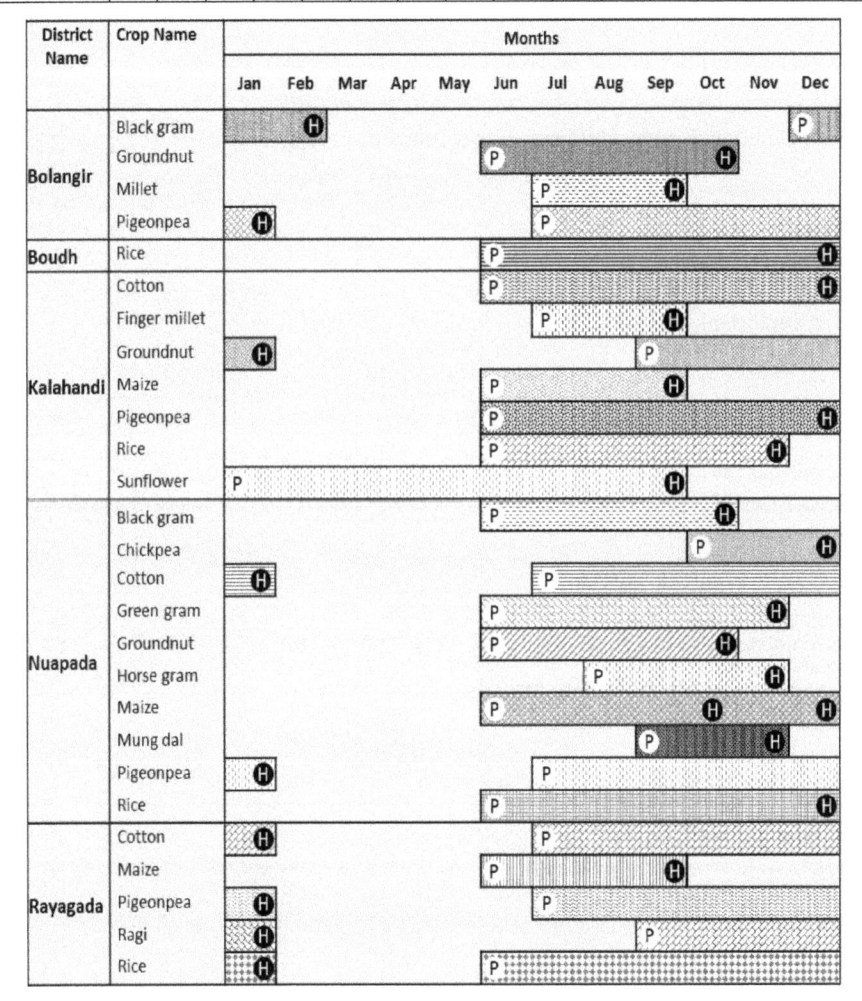

| District Name | Crop Name | Months | | | | | | | | | | | |
|---|---|---|---|---|---|---|---|---|---|---|---|---|---|
| | | Jan | Feb | Mar | Apr | May | Jun | Jul | Aug | Sep | Oct | Nov | Dec |
| Bolangir | Black gram | | H | | | | | | | | | | P |
| | Groundnut | | | | | | P | | | | H | | |
| | Millet | | | | | | | P | | | H | | |
| | Pigeonpea | | H | | | | P | | | | | | |
| Boudh | Rice | | | | | | P | | | | | | H |
| Kalahandi | Cotton | | | | | | P | | | | | | H |
| | Finger millet | | | | | | | P | | H | | | |
| | Groundnut | | H | | | | | | | P | | | |
| | Maize | | | | | | P | | | H | | | |
| | Pigeonpea | | | | | | P | | | | | | H |
| | Rice | | | | | | P | | | | H | | |
| | Sunflower | P | | | | | | | | H | | | |
| Nuapada | Black gram | | | | | | P | | | H | | | |
| | Chickpea | | | | | | | | | | P | | H |
| | Cotton | | H | | | | | P | | | | | |
| | Green gram | | | | | | P | | | H | | | |
| | Groundnut | | | | | | P | | | H | | | |
| | Horse gram | | | | | | | | P | | | H | |
| | Maize | | | | | | P | | H | | | H | |
| | Mung dal | | | | | | | | P | | H | | |
| | Pigeonpea | | H | | | | P | | | | | | |
| | Rice | | | | | | P | | | | | | H |
| Rayagada | Cotton | | H | | | | P | | | | | | |
| | Maize | | | | | | P | | | H | | | |
| | Pigeonpea | | H | | | | P | | | | | | |
| | Ragi | | H | | | | | | | | P | | |
| | Rice | | H | | | | P | | | | | | |

**Legenda:** P - Plantação
     H - Colheita

Figura 2. Calendário de culturas para o ano civil de 2012-2013

| Location | Land preparation | | | Planting / Sowing | | | Fertilizer application | | | Spraying | | | Weeding | | | Roughing | | | Harvesting | | | Threshing | | | Cleaning | | | Seed storage | | | Seed treatment | | | Dal preparation | | | Seed selection for planting | | | Irrigation | | | Others | | |
|---|---|---|---|---|---|---|---|---|---|---|---|---|---|---|---|---|---|---|---|---|---|---|---|---|---|---|---|---|---|---|---|---|---|---|---|---|---|---|---|---|---|---|---|---|---|
| | M | F | B | M | F | B | M | F | B | M | F | B | M | F | B | M | F | B | M | F | B | M | F | B | M | F | B | M | F | B | M | F | B | M | F | B | M | F | B | M | F | B | M | F | B |
| Bolangir (n=106) | 76 | - | 24 | 4 | △74 | 23 | ○90 | - | 10 | ○89 | 1 | 10 | 3 | 42 | △49 | ○78 | - | 22 | 3 | - | ○97 | 7 | 1 | ○92 | 9 | 18 | ○73 | 15 | 75 | 9 | ○78 | 2 | 20 | 19 | △70 | 11 | 22 | 1 | ○77 | ○93 | 1 | 4 | ○58 | - | 34 |
| Boudh (n=67) | ○100 | - | - | - | △100 | ○87 | - | 13 | ○96 | - | 4 | - | - | ○100 | - | - | ○100 | 9 | 4 | ○97 | - | 4 | ○96 | - | 4 | ○98 | - | 4 | ○96 | 1 | △94 | 4 | - | 4 | ○99 | ○93 | - | 6 | ○94 | 1 | 4 | ○96 | - | 4 |
| Kalahandi (n=153) | ○97 | 1 | 1 | ○77 | 22 | 1 | ○84 | 16 | - | ○75 | 22 | 1 | 76 | 24 | 1 | ○82 | 14 | - | ○78 | 18 | 2 | ○74 | 24 | - | ○75 | 22 | 3 | ○73 | 17 | 6 | ○81 | 12 | 5 | ○82 | 10 | 7 | ○77 | 11 | 8 | ○75 | 11 | 11 | ○63 | 1 | 28 |
| Nuapada (n=216) | 30 | 1 | ○69 | 4 | 4 | 92 | 30 | 1 | ○69 | ○59 | 2 | 37 | 2 | 18 | ○80 | 25 | - | ○74 | 3 | 1 | ○96 | 5 | 4 | ○61 | 3 | 35 | ○62 | 12 | 26 | ○61 | 39 | 11 | ○49 | - | △59 | 40 | 41 | 4 | ○53 | ○65 | - | 23 | ○28 | - | 27 |
| Rayagada (n=103) | ○100 | - | - | 7 | 1 | ○92 | 7 | 1 | ○92 | 14 | 4 | ○83 | 6 | 11 | ○83 | 5 | 2 | ○93 | 7 | △93 | - | 6 | △93 | 1 | 6 | △94 | - | 7 | 93 | - | 7 | - | ○93 | 6 | △94 | - | 7 | - | ○93 | 6 | 1 | ○93 | 7 | - | ○93 |

○ - Male
△ - Female
○ - Both

Figura 3. Participação das mulheres na cultura do feijão-frade (IPPT)

Tabela 9. Contribuição do projeto para a participação das mulheres (%)

| Dados | Bolangir (n= 106) | Boudh (n= 67) | Kalahandi (n= 153) | Nuapada (n= 216) | Rayagada (n= 103) |
|---|---|---|---|---|---|
| 1. Aumento da participação das mulheres em diversas práticas de gestão cultural. (ou seja, plantação, sementeira, amontoa e aplicação de fertilizantes) | 99 | 12 | 26 | 99 | - |
| 2. Semeadura em linha aprendida | - | 75 | - | 1 | - |
| 3. Melhoria das práticas de armazenamento de sementes | - | 79 | - | 1 | - |
| 4. Participação plena das mulheres nas comunidades tribais | - | 3 | - | - | 100 |
| 5. Aumento do interesse das mulheres em resultado de um melhor rendimento | - | 4 | 5 | - | - |
| 6. Permitida a compra de objectos pessoais, incluindo as necessidades dos membros do agregado familiar | - | - | 33 | - | - |

Tabela 10. Custo médio de produção de feijão-frade (antes do início do projeto)

| Location | Area | Quantity of seed used | Yield | Price | Gross Income | Cost of production (Rs/ha) | | | | | | | | | Total production cost | Net Income | B:C ratio |
|---|---|---|---|---|---|---|---|---|---|---|---|---|---|---|---|---|---|
| | Ha | kg/ha | kg/ha | Rs/kg | Rs/ha | Seed cost | Sowing | Cultivation | Fertilizer | Pesticide | Weeding | Irrigation | Harvesting | Threshing | Others | Rs/ha | Rs/ha | |
| **Bolangir** | | | | | | | | | | | | | | | | | | |
| Marginal (n=105) | 0.40 | 14 | 218 | 39 | 8443 | 671 | 353 | 1577 | 870 | 741 | 1317 | - | 1180 | 633 | 988 | 3245 | 5198 | 1.60 |
| **Boudh** | | | | | | | | | | | | | | | | | | |
| Marginal (n=67) | 0.40 | 10 | 708 | 34 | 23861 | 589 | 683 | 1437 | 967 | 703 | 1669 | - | 1299 | 765 | - | 7449 | 16412 | 2.20 |
| **Kalahandi** | | | | | | | | | | | | | | | | | | |
| Marginal (n=27) | 0.54 | 18 | 842 | 31 | 22313 | 993 | 781 | 1320 | 1814 | 942 | 836 | 741 | 835 | 679 | 558 | 6111 | 16201 | 2.65 |
| Small (n=116) | 1.18 | 36 | 613 | 39 | 23809 | 1720 | 741 | 1784 | 2243 | 2377 | 1075 | 1109 | 1337 | 1220 | 1044 | 12022 | 11787 | 0.98 |
| Semi-medium (n=1) | 2.02 | 59 | 247 | 35 | 8645 | 494 | 1579 | - | - | 741 | - | 494 | 1235 | 1235 | 1235 | 6175 | 2470 | 0.40 |
| **Nuapada** | | | | | | | | | | | | | | | | | | |
| Marginal (n=197) | 0.42 | 21 | 272 | 34 | 8413 | 923 | 1047 | 995 | 1423 | 1548 | 765 | 822 | 791 | 699 | 688 | 4975 | 3439 | 0.69 |
| Small (n=4) | 1.32 | 84 | 401 | 20 | 8336 | 1346 | 1019 | 1235 | - | 494 | - | 247 | 865 | 1729 | - | 4773 | 3563 | 0.75 |
| **Rayagada** | | | | | | | | | | | | | | | | | | |
| Marginal (n=98) | 0.40 | 10 | 707 | 34 | 23652 | 562 | 469 | 2044 | 549 | 511 | 597 | - | 760 | 657 | 371 | 6204 | 17447 | 2.81 |

Legend: Marginal - < 1.01 ha
Small - 1.01 - 2.00 ha
Semi-medium - 2.01 - 4.00 ha
Medium - 4.01 - 10.00 ha
Large - > 10.00 ha

Tabela 11. Custo médio de produção de feijão-frade (após o início do projeto)

| Location | Area | Quantity of seed used | Yield | Price | Gross Income | Cost of production (Rs/ha) | | | | | | | | | Total production cost | Net Income | B:C ratio |
|---|---|---|---|---|---|---|---|---|---|---|---|---|---|---|---|---|---|
| | Ha | kg/ha | kg/ha | Rs/kg | Rs/ha | Seed cost | Sowing | Cultivation | Fertilizer | Pesticide | Weeding | Irrigation | harvesting | Threshing | | Rs/ha | Rs/ha | |
| **Bolangir** | | | | | | | | | | | | | | | | | | 1.74 |
| Marginal (n= 106) | 0.40 | 5 | 515 | 39 | 19942 | 494 | 863 | 1601 | 1309 | 1081 | 1186 | - | 1945 | 1016 | | 7289 | 12688 | |
| **Boudh** | | | | | | | | | | | | | | | | | | |
| Marginal (n= 66) | 0.40 | 8 | 1093 | 34 | 36797 | 542 | 952 | 1957 | 1100 | 743 | 1763 | - | 1411 | 876 | | 9279 | 27518 | 2.97 |
| **Kalahandi** | | | | | | | | | | | | | | | | | | |
| Marginal (n= 19) | 1.40 | 14 | 1069 | 37 | 37610 | 841 | 1216 | 1404 | 3540 | 2137 | 1070 | 1129 | 891 | 873 | | 10297 | 27312 | 2.65 |
| Small (n= 122) | 1.30 | 29 | 962 | 45 | 40761 | 1852 | 1967 | 1954 | 1155 | 2633 | 1405 | 1234 | 1429 | 1269 | | 15374 | 25182 | 1.64 |
| Semi-medium (n= 4) | 3.00 | 74 | 850 | 43 | 37902 | 1747 | 1050 | 1791 | 2737 | 1853 | 741 | 741 | 1482 | 1112 | | 11486 | 24498 | 2.13 |
| **Nuapada** | | | | | | | | | | | | | | | | | | |
| Marginal (n= 208) | 0.45 | 12 | 394 | 50 | 19459 | 878 | 1023 | 1317 | 2.95.52 | 972 | 1416 | 972 | 1270 | 1017 | | 7883 | 11549 | 1.47 |
| Small (n= 5) | 1.45 | 26 | 1062 | 42 | 45695 | 2900 | 3557 | 3273 | 2590 | 3252 | 1235 | 1235 | 1606 | 2223 | | 16779 | 28422 | 1.69 |
| **Rayagada** | | | | | | | | | | | | | | | | | | |
| Marginal (n= 102) | 0 | 8 | 921 | 39 | 36067 | 499 | 525 | 2104 | 741 | 817 | 588 | - | 724 | 660 | | 6361 | 26234 | 4.12 |

Legend: Marginal - < 1.01 ha
Small - 1.01 - 2.00 ha
Semi-medium - 2.01 - 4.00 ha
Medium - 4.01 - 10.00 ha
Large - > 10.00 ha

**Utilização da produção de feijão-frade.** A produção de feijão bóer é vendida, consumida e presenteada. Todos afirmaram consumir parte da sua produção. Uma grande parte da produção é vendida em vários mercados (mercado local, negociantes/comerciantes, co-agricultores e grupos de sementes), constituindo uma média de cerca de 70% em Bolangir, 78% em Boudh, 65% em Kalahandi, 54% em Nuapada e 84% em Rayagada (Quadro 13). Para aqueles que partilharam parte da sua produção, esta é maioritariamente dada a familiares, vizinhos e amigos. Em Bolangir, a média foi de 5%, em Boudh, de 7%, em Kalahandi, de 9%, em Nuapada, de 15%, e em Rayagada, de 2%. As restantes percentagens são utilizadas para consumo doméstico (Figura 5).

O mercado local é o local mais importante para os seus compromissos económicos, seguido de negociantes/comerciantes que são na sua maioria locais e, recentemente, de fora da comunidade. As sondagens com os inquiridos mostraram que, com o início de uma boa produção, pessoas de fora, de um estado vizinho como Chattisgarh, têm comprado as sementes produzidas nestes distritos.

*Adoção de tecnologias.* A adoção de variedades é relativamente alta em todos os distritos, exceto em Nuapada, que está estimada em 68%. De acordo com os agricultores, as variedades *maruti* e *asha* introduzidas pelo projeto, resultaram num melhor rendimento em comparação com as suas variedades tradicionais. Os agricultores inquiridos em Bolangir e quase todos em Kalahandi e Rayagada disseram que *a maruti* é boa devido ao melhor rendimento obtido. Observações semelhantes foram feitas pelos agricultores-respondentes de Boudh e Rayagada, onde *o maruti* beneficiou mais de 100% em comparação com os meios tradicionais de cultivo (Quadro 14).

*Aplicação de fertilizantes.* Outra tecnologia elogiada pelos agricultores inquiridos em todos os distritos é a aplicação de fertilizantes no feijão-frade. Bolangir apresentou 100% de adoção, seguido de Rayagada (97%), Boudh e Nuapada com 93%, respectivamente, e Kalahandi com 88%. A maioria dos agricultores observou que a taxa recomendada pela prática é aplicada para aumentar a produção.

*Aplicação de inseticida.* Esta é outra componente tecnológica da cultura do feijão-frade que os agricultores inquiridos consideram essencial. De acordo com eles, esta prática é necessária para garantir um bom rendimento. Foram sensibilizados para o facto de a aplicação de inseticida ser essencial durante certas fases da cultura, como o desenvolvimento das vagens.

*Semeadura em linha em camalhões.* Juntamente com a introdução de boas sementes, tais como *maruti* e *asha*, a tecnologia de plantação de feijão bóer em linha reta em camalhões facilitou muitas das outras operações agrícolas, tais como a monda e a cultura intercalar. Esta prática, de acordo com os agricultores inquiridos, revelou-se promissora no aumento da produção. Tal como se depreende do quadro, esta é ainda uma área que requer o reforço das capacidades da gestão do projeto, especialmente em Bolangir e Kalahandi, com uma adoção de 45% e 60%, respetivamente.

*Monda.* Não há dúvida de que a monda é uma prática que tem de ser efectuada para garantir um melhor rendimento. As ervas daninhas competem com os nutrientes e isto foi salientado aos agricultores pelo projeto. A sua adoção aumentou o rendimento, como revelaram os agricultores inquiridos (Bolangir, 92%; Boudh, 91%; Kalahandi, 98%; Nuapada, 67%; e Rayagada, 96%). Foi também revelado que a sementeira em linha facilitou a operação de sacha, como afirmaram os inquiridos de Kalahandi, Nuapada e Rayagada.

Tabela 12. Rendimento líquido antes e depois (Rs/Ha)

| Particular | Total do feijão bóer antes e depois do rendimento líquido (BNI/ANI) | | | | | | Probabilidade |
|---|---|---|---|---|---|---|---|
| | Média | | | | | | |
| | Antes de | | | Depois de | | | |
| | Custo total de produção | Resultado líquido | Rácio B:C | Custo total de produção | Resultado líquido | Rácio B:C | |
| Todos os distritos | 6416 | 9555 | 1.49 | 9529 | 18954 | 1.99 | <.0001 |
| Rendimento líquido antes e depois do feijão bóer por dimensão da exploração | | | | | | | |
| Dimensão da exploração | Média | | | | | | Probabilidade |
| Marginal | 5297 | 8655 | 1.63 | 7806 | 15550 | 1.99 | <.0003 |
| Pequeno | 9539 | 8618 | 0.90 | 12953 | 17928 | 1.38 | <.0001 |
| Semi-médio | 5276 | 12309 | 2.33 | 8232 | 24272 | 2.95 | <.0001 |
| Médio | 12264 | 10549 | 0.86 | 17745 | 22165 | 1.25 | <.0001 |
| Rendimento líquido antes e depois do feijão-frade por distrito | | | | | | | |
| Distrito | Média | | | | | | Probabilidade |

| Bolangir | 3245 | 5198 | 1.60 | 7289 | 12688 | 1.74 | <.0001 |
|---|---|---|---|---|---|---|---|
| Boudh | 7449 | 16412 | 2.20 | 9279 | 27518 | 2.97 | <.0001 |
| Kalahandi | 10121 | 10153 | 1.00 | 15220 | 24891 | 1.64 | <.0001 |
| Nuapada | 4882 | 3500 | 0.72 | 8129 | 11945 | 1.47 | <.0001 |
| Rayagada | 6204 | 17447 | 2.81 | 6361 | 26234 | 4.12 | <.0001 |

Nota: <.0001 significativo a 5% de probabilidade

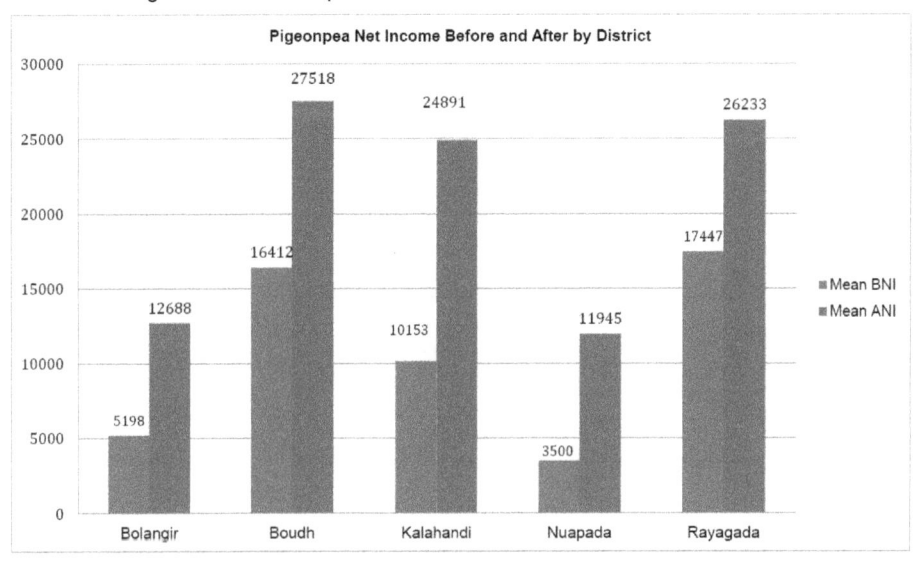

Figura 4. Rendimento do feijão-frade antes e depois

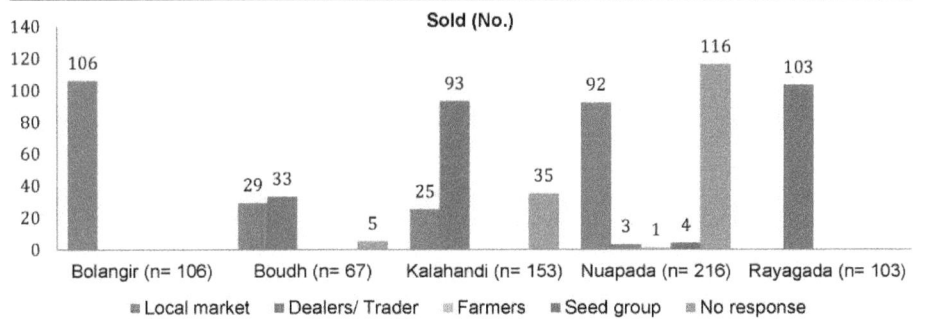

Tabela 13. Utilização da produção de feijão-frade

| Particulars | Average % | Sold (No.) | | | | | Average % | Gift (No.) | | | | | Household consumption Average % |
|---|---|---|---|---|---|---|---|---|---|---|---|---|---|
| | | Local market | Dealers/ Trader | Farmers | Seed group | No response | | Relatives | Neighbors | Friends | Others | No response | |
| Bolangir (n= 106) | 70 | 106 | - | - | - | - | 5 | 106 | - | - | - | - | 25 |
| Boudh (n= 67) | 78 | 29 | 33 | - | - | 5 | 7 | 32 | 2 | 7 | - | 26 | 15 |
| Kalahandi (n= 153) | 85 | 25 | 93 | - | - | 35 | 9 | 4 | - | - | - | 149 | 26 |
| Nuapada (n= 216) | 54 | 92 | 3 | 1 | 4 | 116 | 15 | 37 | - | - | 2 | 177 | 31 |
| Rayagada (n= 103) | 84 | - | 103 | - | - | - | 2 | 99 | - | - | - | 4 | 14 |

```
200                          Gift (No.)
180                                                    177
160                                  149
140
120   106
100                                                              99
 80
 60
 40          32       26              37
 20              2  7      4                2                 4
  0
     Bolangir (n= 106)  Boudh (n= 67)  Kalahandi (n= 153)  Nuapada (n= 216)  Rayagada (n= 103)
              ■ Relatives  ■ Neighbors  ■ Friends  ■ Others  ■ No response
```

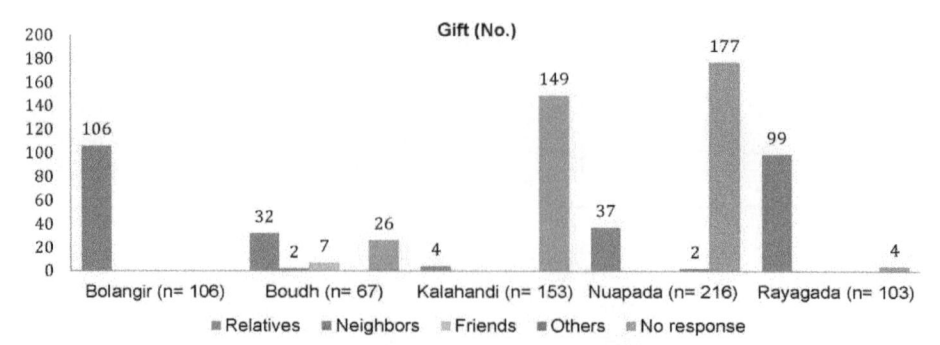

Figura 5. Utilização da produção de feijão-frade (vendido e presente)

Tabela 14. Tecnologias de feijão-frade adoptadas

| Tecnologias | Bolangir (n= 106) | Boudh (n= 67) | Kalahandi (n= 153) | Nuapada (n= 216) | Rayagada (n= 103) |
|---|---|---|---|---|---|
| Variedades | 100% | 97% | 90% | 68% | 98% |
| Observações | - A Maruti é boa porque tem um melhor rendimento (100%) | • Melhor rendimento, boa qualidade e mais produção (52%) <br>• Beneficiou mais de 100 % em comparação com o método tradicional (43%) | - A Maruti tem um bom rendimento (90%) | • Asha é bom (32%) <br>• Maruthi é bom (34%) <br>• As sementes foram adquiridas pelo próprio (1%) <br>• Um pacote de sementes não é suficiente para a área (1%) | • Bom rendimento (93%) <br>• Beneficiaram mais de 100 % do método tradicional (5%) |
| Necessidade e aplicação de fertilizantes | 100% | 93% | 88% | 93% | 97% |
| Observações | - Aumento da produção total (100%) | • Necessidade de uma certa dosagem para um melhor rendimento (90%) <br>• Fertilizante não fornecido (3%) | • O fertilizante ajudou a obter um bom rendimento (58%) <br>• Fertilizante fornecido pelo ICRISAT e SVA (27%) <br>• Não há necessidade de fertilizantes no feijão bóer (3%) | • Fertilizante fornecido pelo ICRISAT e SVA (2%) <br>• Necessidade de uma certa dosagem para um melhor rendimento (91%) | • O fertilizante ajuda a obter um bom rendimento (2%) <br>• Necessidade de uma certa dosagem para um melhor rendimento (92%) <br>• Os |

| | | | | | | agricultores são tratados de forma sistemática e atempada (3%) |
|---|---|---|---|---|---|---|
| Aplicação de inseticida | | 85% | 98% | 64% | 64% | 94% |
| Observações | | - Necessidade de pesticidas para um melhor rendimento (85%) | • Controlo do ataque de pragas e redução da perda de colheitas (90%)<br>• Necessidade de pesticidas para melhorar o rendimento (8%) | • Necessidade de pesticidas para um melhor rendimento (58%)<br>• Pesticidas não aplicados anteriormente em *arhar* (6%) | • Fornecido por ICRISAT e SVA (9%)<br>• As sementes são difundidas (1%)<br>• Pesticidas não distribuídos (54%) | - Controlo do ataque de pragas e redução da perda de colheitas (94%) |
| Sementeira em linha em camalhões | | 45% | 76% | 60% | 65% | 96% |
| Observações | | • Adoção da sementeira em linha para acomodar as culturas intercalares e facilitar a monda (29%)<br>• Facilidade de monda e consociação de culturas (1%)<br>• Aumento da produção total (15%) | - Adoptou a sementeira em linha para aumentar a produção (76%) | • Ajudou na monda (23%)<br>• Adoptou a sementeira em linha para acomodar a entressafra (37%) | • Adoptou e aumentou a produção (36%)<br>• Facilidade de monda e consociação de culturas 29%) | - Adoptada para acomodar as culturas intercalares (96%) |
| Monda | | 92% | 91% | 98% | 67% | 96% |
| Observações | | • Bom rendimento (88%)<br>• Auto monda manual (4%) | - Adoptou a monda manual para aumentar o rendimento (91%) | • A monda é necessária (58%)<br>• Exigiu mais encargos de mão de obra (1%)<br>• Necessidade | • Facilitar a monda (10%)<br>• A monda é necessária para um bom rendimento (38%)<br>• Problema | • Melhor rendimento (93%)<br>• Adoção de sementeiras em linha que facilitam a monda (3%) |

| | | | | de monda uma vez por mês após a sementeira (27%)<br><br>• Facilidade de monda devido aos sulcos (12%) | laboral (19%) | |

**Problemas e constrangimentos do IPPT**. Os principais constrangimentos dos agricultores inquiridos envolvidos no TPIP são diversos nos vários distritos (Quadro 15). Em Bolangir, a sementeira atrasada (93%) e a exposição/consciencialização inadequada (94%) são expressas; Boudh, agricultores que vendem a baixo preço (73%) e intermediários que ditam o preço (73%); Kalahandi, alta infestação de pragas (68%); Nuapada, falta de insumos (29%); e Rayagada partilha os mesmos constrangimentos com Boudh, agricultores que vendem a baixo preço (88%) e intermediários que ditam o preço (99%).

**Envolvimento no projeto ICRISAT-DA Govt. of Odisha**. Foram colocadas várias questões aos agricultores inquiridos com o objetivo final de identificar lições que possam servir de trampolim para melhorar a execução do projeto e os futuros compromissos do ICRISAT ou do Governo de Odisha.

**Início do projeto**. Os agricultores inquiridos foram de opinião que a consulta à comunidade foi realizada antes do início do projeto (Anexo 3). Em relação a actividades específicas, foram feitas consultas suficientes sobre as seguintes componentes específicas: seleção do local, seleção de variedades, realização de demonstrações, realização de formação de agricultores e de SHG, realização de cursos especializados e preparação de materiais de informação, educação e comunicação (IEC). Foi comunicada uma consulta insuficiente à comunidade na fase inicial relativamente a actividades como a realização de experiências, a aquisição de produtos necessários e a construção de instalações, por exemplo, armazéns. Estas três actividades exigiriam relativamente menos consultas à comunidade porque as decisões sobre elas podem ser solicitadas à representação local.

**Grau de satisfação com as actividades de reforço das capacidades**. O reforço das capacidades é uma componente essencial de qualquer projeto. Foi expressa uma expressão de satisfação em relação às seguintes actividades: reuniões/workshops, formação, cursos especializados e demonstrações. Enquanto outros estão totalmente satisfeitos, alguns inquiridos também afirmaram não estar satisfeitos. Além disso, alguns inquiridos recusaram-se a comentar esta questão (Quadro 16).

**Materiais de IEC acedidos**. Dois dos materiais de IEC mais acedidos são o folheto sobre práticas de gestão cultural do feijão bóer e a gestão integrada de pragas e doenças. De acordo com os destinatários, estes são relevantes para fornecer informações sobre o cultivo da cultura. A tradução destes materiais na sua língua franca (Oriya) tem sido muito útil para uma melhor compreensão das tecnologias fornecidas. Embora os materiais impressos sejam importantes, outros meios de comunicação como a televisão, a rádio e os jornais são considerados importantes. As reuniões de aldeia também foram mencionadas como importantes, especialmente na consciencialização da comunidade (Anexo 4).

**Grau de satisfação com os papéis dos principais actores**. Os agricultores inquiridos manifestaram satisfação com os vários intervenientes no projeto, incluindo os da ONG e mesmo os agricultores progressistas. Alguns deles também expressaram satisfação total, como em Kalahandi, que é de 75%. Há também uma expressão de insatisfação, que é inevitável e que poderia ser explorada pela gestão do projeto para ver como pode ser minimizada (Tabela 17).

A DA e o ICRISAT, que são os dois principais actores do projeto, têm uma avaliação semelhante. Existe definitivamente uma oportunidade para abordar a satisfação das comunidades, o que explica o objetivo desta avaliação intercalar.

Tabela 15. Problemas e constrangimentos do IPPT

| Dados | Bolangir (n= 106) | | Boudh (n= 67) | | Kalahandi (n= 153) | | Nuapada (n= 216) | | Rayagada (n= 103) | |
|---|---|---|---|---|---|---|---|---|---|---|
| | Não. | % | Não. | % | Não. | % | Não. | % | Não. | % |
| **A. Gestão cultural** | | | | | | | | | | |
| 1. Mão de obra inadequada durante a monda | - | - | 2 | 3 | - | - | - | - | - | - |
| 2. Atraso na sementeira | 99 | 93 | 2 | 3 | 31 | 20 | - | - | - | - |
| 3. Problema de irrigação | 1 | 1 | - | - | - | - | 26 | 12 | - | - |
| 4. Sem sulcos | 1 | 1 | - | - | - | - | - | - | - | - |
| 5. Falta de insumos (Fertilizantes, Pesticidas e Pulverizadores) | 3 | 3 | 6 | 9 | - | - | 63 | 29 | - | - |
| 6. Elevada queda de flores | - | - | 4 | 6 | 44 | 29 | 8 | 4 | - | - |
| 7. Elevado ataque de insectos | - | - | 4 | 6 | 104 | 68 | 8 | 4 | - | - |
| 8. Não foram fornecidas informações (apenas sementes) | - | - | 27 | 40 | - | - | - | - | - | - |
| **B. Marketing** | | | | | | | | | | |
| 1. Agricultor que vende a baixo preço | - | - | 49 | 73 | - | - | - | - | 91 | 88 |
| 2. Preços ditados pelo intermediário | - | - | 49 | 73 | - | - | - | - | 102 | 99 |
| 3. Sem preço fixo | - | - | 4 | 6 | - | - | - | - | - | - |
| 4. Ausência de ligação ao mercado | - | - | - | - | - | - | 1 | 0 | - | - |
| 5. Falta de instalações de armazenamento | - | - | 22 | 33 | - | - | - | - | - | - |
| **C. Outros** | | | | | | | | | | |
| 1. Falta de informação | - | - | - | - | 32 | 21 | - | - | - | - |
| 2. Sem formação/sensibilização/exposição | 100 | 94 | - | - | - | - | 35 | 16 | - | - |
| 3. Distribuição tardia das sementes | - | - | - | - | 19 | 12 | 57 | 26 | - | - |

Tabela 16. Grau de satisfação com o envolvimento dos participantes nas actividades de reforço das capacidades

| Dados (N= 645) | Sim | | | | | | | | Não | |
|---|---|---|---|---|---|---|---|---|---|---|
| | Não. | % | Plenamente satisfeito | | Satisfeito | | Não satisfeito | | Não. | % |
| | | | Não. | % | Não. | % | Não. | % | | |
| Reunião de projeto e workshop | 238 | 37 | 45 | 19 | 182 | 76 | 11 | 5 | 407 | 63 |
| Reunião de apresentação do projeto | 274 | 42 | 33 | 12 | 232 | 85 | 9 | 3 | 371 | 58 |

| | | | | | | | | | |
|---|---|---|---|---|---|---|---|---|---|
| Orientação do projeto e formação | 198 | 31 | 36 | 18 | 157 | 79 | 5 | 3 | 447 | 69 |
| Lançamento do projeto e seminário de formação | 195 | 30 | 32 | 16 | 157 | 81 | 6 | 3 | 450 | 70 |
| Seminário de reunião de orientação do projeto | 266 | 41 | 24 | 9 | 236 | 89 | 6 | 2 | 379 | 59 |
| Curso de formação especializada para agricultores | 285 | 44 | 13 | 5 | 260 | 91 | 12 | 4 | 360 | 56 |
| Demonstração do dia de campo do agricultor | 285 | 44 | 120 | 42 | 159 | 56 | 6 | 2 | 360 | 56 |
| Outros | 348 | 54 | 117 | 34 | 229 | 66 | - | - | 297 | 46 |

Tabela 17. Grau de satisfação com as funções das partes interessadas no projeto de feijão-frade (%)

| Particularidades | Grau de satisfação | Bolangir (n= 106) | Boudh (n= 67) | Kalahandi (n= 153) | Nuapada (n= 216) | Rayagada (n= 103) |
|---|---|---|---|---|---|---|
| Associação de agricultores | Plenamente satisfeito | - | - | 2 | 16 | - |
| | Satisfeito | 100 | 24 | 75 | 66 | 4 |
| | Não satisfeito | - | 1 | 15 | 13 | - |
| | Sem resposta | - | 75 | 8 | 5 | 96 |
| Diretor Adjunto da Agricultura (DDA) | Plenamente satisfeito | - | - | 5 | 3 | - |
| | Satisfeito | 100 | 90 | 46 | 13 | 100 |
| | Não satisfeito | - | 9 | 37 | 36 | - |
| | Sem resposta | - | 1 | 12 | 48 | - |
| ICRISAT | Plenamente satisfeito | - | 36 | 85 | 9 | 2 |
| | Satisfeito | 100 | 55 | 8 | 78 | 98 |
| | Não satisfeito | - | 7 | - | 12 | - |
| | Sem resposta | - | 2 | 7 | 1 | - |
| Outros | Plenamente satisfeito | - | - | - | 4 | 2 |
| | Satisfeito | - | - | - | 36 | 95 |
| | Não satisfeito | - | - | - | 6 | - |
| | Sem resposta | - | 100 | 100 | 54 | 3 |

Principais factores/constrangimentos no fornecimento de tecnologias de feijão-frade.

Conforme se depreende do Quadro 18, o principal constrangimento que afectou a entrega de tecnologias de feijão-frade nos distritos de Bolangir, Boudh e Rayagada foi a disponibilidade de mão de obra, especialmente em operações agrícolas como a monda e a amontoa. Em Nuapada e Rayagada, foram também assinalados vários constrangimentos, incluindo a qualidade inferior dos factores de produção, especificamente das sementes, o envolvimento de intermediários, a falta de sensibilização, que é também um constrangimento expresso em Rayagada, e a irrigação inadequada.

Algumas das formas sugeridas para sustentar os resultados significativos do projeto de feijão-frade do Governo de Odisha do ICRISAT são as seguintes (quadro 19): adoção de tecnologias adequadas, como a sementeira em linha em camalhões (Bolangir), um bom sistema de sementes e reuniões regulares para actualizações e feedback (Nuapada), apoio a insumos agrícolas como fertilizantes, pulverizadores, pesticidas, etc. (Boudh, Nuapada e Rayagada). (Boudh, Nuapada e Rayagada), mais formação e visitas de exposição (Boudh, Kalahandi, Nuapada e Rayagada), e melhores instalações e ligações de comercialização (Boudh, Kalahandi e Rayagada).

**Transbordamento**. A adoção de um local estratégico para a apresentação de tecnologias em que os agricultores são factores-chave para a sua gestão deverá provocar a sensibilização, a adoção interna e, eventualmente, a propagação, o que está de acordo com Alston (2002). No presente estudo, os agricultores vizinhos não abrangidos pelo projeto adoptaram a tecnologia. Em Bolangir, foram 6 agricultores; Boudh, 5; Kalahandi, 2; Nuapada, 77; e Rayagada, 13. Os dados globais mostram uma diferença significativa entre o rendimento médio antes e depois do projeto, uma vez que o valor significativo é <0,05. A nível distrital, existe também uma diferença significativa em Nuapada. Nos outros distritos, uma vez que os inquiridos são pequenos (Bolangir, 6; Boudh, 5; Kalahandi, 2; e Rayagada, 13), não é possível calcular o valor de significância. Isto conclui claramente que, nos dois distritos (Bolangir e Rayagada), o rendimento aumentou após a introdução das intervenções. No caso do agrupamento por tamanho da exploração, todos os inquiridos pertencem ao grupo marginal (<1,01 ha), como se mostra no Quadro 20 e no Quadro 21.

A repercussão que teve lugar nos distritos, especialmente em Bolangir, pode ser atribuída não só à semelhança da ecologia e das actividades agrícolas, mas também, em grande medida, à influência da rede social dos inquiridos. Isto está de acordo com os estudos de Bandeira e Rasul (2006), Conley e Udrey (2000), e Foster e Rozenweig (1995) onde a influência de actores tals como vendedores, vizinhos, e co-agricultores nas redes sociais dos agricultores são a chave para o sucesso das repercussões (Figura 6).

O aproveitamento de melhores repercussões através de estratégias deliberadas deve ser parte integrante da agenda das bacias hidrográficas. Embora existam casos de repercussões tecnológicas que ocorrem sem "empurrão" de entidades externas, como instituições governamentais e organizações de I&D, é essencial um arranjo institucional que envolva as sociedades locais e tradicionais. O ICRISAT, sendo um forte defensor de parcerias com tantas histórias de sucesso, pode traduzir os princípios e as lições aprendidas com as iniciativas de capacitação para garantir o transbordamento e até mesmo a sustentabilidade.

Quadro 18. Principais factores/constrangimentos na aplicação das várias tecnologias de feijão-frade

| Dados | Bolangir (n= 106) | | Boudh (n= 67) | | Kalahandi (n= 153) | | Nuapada (n= 216) | | Rayagada (n= 103) | |
|---|---|---|---|---|---|---|---|---|---|---|
| | Não. | % | Não. | % | Não. | % | Não. | % | Não. | % |
| 1. Disponibilidade de mão de obra para várias operações (por exemplo, monda e amontoa) | 106 | 100 | 59 | 88 | - | - | - | - | 78 | 76 |
| 2. Venda de sementes aos habitantes locais a baixo preço | - | - | 2 | 3 | - | - | - | - | - | - |
| 3. Qualidade inferior | - | - | - | - | - | - | 54 | 25 | - | - |

| Dados | Bolangir (n=106) | | Boudh (n=67) | | Kalahandi (n=153) | | Nuapada (n=216) | | Rayagada (n=103) | |
|---|---|---|---|---|---|---|---|---|---|---|
| | Não. | % | Não. | % | Não. | % | Não. | % | Não. | % |
| dos factores de produção, como as sementes | | | | | | | | | | |
| 4. Irrigação inadequada | - | - | - | - | - | - | 31 | 14 | - | - |
| 5. Falta de instalações de armazenamento | - | - | 1 | 1 | - | - | - | - | 60 | 58 |
| 6. Atraso no fornecimento dos factores de produção | - | - | - | - | - | - | 40 | 19 | - | - |
| 7. Envolvimento de intermediários | - | - | - | - | - | - | - | - | 60 | 58 |
| 8. Formação inadequada em matéria de tecnologia | - | - | 1 | 1 | - | - | - | - | - | - |
| 9. Afetado pelo sistema político local | - | - | 2 | 3 | - | - | - | - | - | - |
| 10. Não são fornecidos factores de produção (fertilizantes, pesticidas, etc.) | - | - | - | - | - | - | 10 | 5 | - | - |
| 11. Falta de sensibilização | - | - | - | - | - | - | 34 | 16 | 56 | 54 |
| 12. Falta de mão de obra | - | - | - | - | - | - | 8 | 4 | 38 | 37 |

Tabela 19. Sugestões para manter as realizações do projeto de feijão-frade

| Dados | Bolangir (n=106) | | Boudh (n=67) | | Kalahandi (n=153) | | Nuapada (n=216) | | Rayagada (n=103) | |
|---|---|---|---|---|---|---|---|---|---|---|
| | Não. | % | Não. | % | Não. | % | Não. | % | Não. | % |
| 1. Tecnologias adequadas, como a sementeira em linha | 105 | 99 | - | - | - | - | 3 | 1 | - | - |
| 2. Bom sistema de sementes | - | - | - | - | - | - | 125 | 58 | - | - |
| 3. Apoio a alguns factores de produção agrícola, como fertilizantes, pulverizadores e pesticidas, etc. | - | - | 66 | 99 | 139 | 91 | 98 | 45 | 12 | 12 |
| 4. Mais formação e visitas de exposição | - | - | 58 | 87 | - | - | 42 | 19 | 12 | 12 |
| 5. Reuniões regulares para actualizações e feedback | - | - | - | - | - | - | 108 | 50 | - | - |
| 6. Melhores instalações e ligações de | - | - | 58 | 87 | 3 | 2 | - | - | 103 | 100 |

| comercialização | | | | | | | | | |

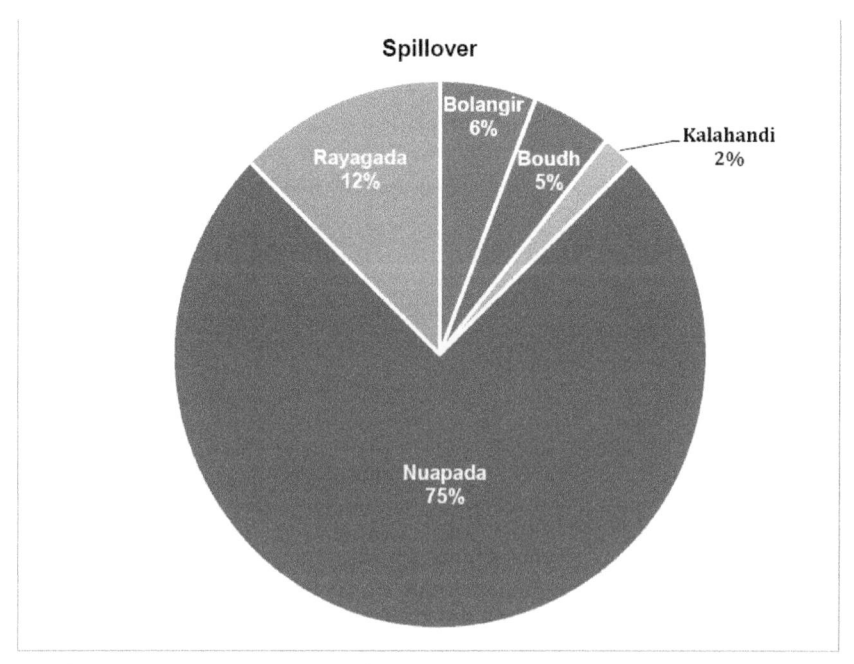

Spillover
- Bolangir 6%
- Kalahandi 2%
- Rayagada 12%
- Boudh 5%
- Nuapada 75%

Figura 6. Transbordamento do projeto do feijão bóer

Tabela 20. Custo médio de produção (antes do início do projeto)

| Location | Area | Quantity of seed used | Yield | Price | Gross income | Cost of production (Rs/ha) | | | | | | | | | | Total production cost | Net income | B:C ratio |
|---|---|---|---|---|---|---|---|---|---|---|---|---|---|---|---|---|---|---|
| | ha | kg/ha | kg/ha | Rs/kg | Rs/ha | Seed Cost | Sowing | Cultivation | Fertilizer | Pesticide | Weeding | Irrigation | Harvesting | Threshing | Others | Rs/ha | Rs/ha | |
| **Bolangir** | | | | | | | | | | | | | | | | | | |
| Marginal (n=6) | 0.40 | 12 | 175 | 36 | 6268 | 618 | 247 | 1482 | 494 | | 988 | | 1235 | 823 | - | 3211 | 3057 | 0.95 |
| **Boudh** | | | | | | | | | | | | | | | | | | |
| Marginal (n=5) | 0.40 | 16 | 251 | 38 | 9135 | 696 | 289 | 490 | 236 | 72 | 211 | 107 | 992 | 608 | 50 | 3750 | 5384 | 1.44 |
| **Kalahandi** | | | | | | | | | | | | | | | | | | |
| Marginal (n=2) | 0.40 | 16 | 251 | 38 | 9135 | 700 | 291 | 490 | 236 | 72 | 211 | 101 | 992 | 610 | 50 | 3752 | 5383 | 1.43 |
| **Nuapada** | | | | | | | | | | | | | | | | | | |
| Marginal (n=77) | 0.40 | 21 | 280 | 36 | 9386 | 792 | 706 | 871 | 860 | 675 | 746 | 656 | 832 | 780 | 556 | 4580 | 4806 | 1.05 |
| **Rayagada** | | | | | | | | | | | | | | | | | | |
| Marginal (n=13) | 0.30 | 23 | 409 | 34 | 11516 | 593 | 623 | 703 | 456 | 266 | 361 | 285 | 741 | 456 | 152 | 4636 | 6880 | 1.48 |

Legend: Marginal  - < 1.01 ha
Small  - 1.01 - 2.00 ha
Semi-medium  - 2.01 - 4.00 ha
Medium  - 4.01 - 10.00 ha
Large  - > 10.00 ha

Tabela 21. Custo médio de produção (após o início do projeto)

| Location | Area | Quantity of seed used | Yield | Price | Gross income | Cost of production (Rs/ha) | | | | | | | | | Total production cost | Net income | B:C ratio |
|---|---|---|---|---|---|---|---|---|---|---|---|---|---|---|---|---|---|
| | ha | kg/ha | kg/ha | Rs/kg | Rs/ha | Seed cost | Sowing | Cultivation | Fertilizer | Pesticide | Weeding | Irrigation | Harvesting | Threshing | Others | Rs/ha | Rs/ha | |
| **Bolangir** | | | | | | | | | | | | | | | | | | |
| Marginal (n= 6) | 0.40 | 5 | 478 | 36 | 17125 | 494 | 576 | 1482 | - | 1029 | 1359 | - | 1729 | 1235 | - | 5475 | 11650 | 2.13 |
| **Boudh** | | | | | | | | | | | | | | | | | | |
| Marginal (n= 5) | 0.40 | 7 | 573 | 39 | 21810 | 593 | 603 | 593 | 346 | 963 | 494 | 296 | 1334 | 988 | 99 | 6308 | 15502 | 2.46 |
| **Kalahandi** | | | | | | | | | | | | | | | | | | |
| Marginal (n= 2) | 0.61 | 12 | 1112 | 40 | 44460 | 1013 | 1729 | 1606 | 1482 | 494 | 1853 | 1235 | 371 | 1729 | 371 | 11881 | 32579 | 2.74 |
| **Nuapada** | | | | | | | | | | | | | | | | | | |
| Marginal (n= 77) | 0.41 | 11 | 366 | 52 | 17828 | 845 | 891 | 990 | 1233 | 872 | 1238 | 762 | 997 | 990 | 618 | 6578 | 11250 | 1.71 |
| **Rayagada** | | | | | | | | | | | | | | | | | | |
| Marginal (n= 13) | 0.40 | 7 | 865 | 34 | 29609 | 525 | 475 | 1822 | 710 | 648 | 556 | - | 648 | 525 | 556 | 6465 | 23144 | 3.58 |

Legend: Marginal - < 1.01 ha
Small - 1.01 - 2.00 ha
Semi-medium - 2.01 - 4.00 ha
Medium - 4.01 - 10.00 ha
Large - > 10.00 ha

## 2.0 Ensaio de seleção participativa de variedades pelos agricultores (FPVST)

*Informação sócio-demográfica.* A maioria dos inquiridos no âmbito da atividade da FPVST pertencia à faixa etária dos 25 aos 44 anos. Todos são do sexo masculino e casados, com exceção de um inquirido de Nuapada, e com educação até aos 10 anos[th] standard (Tabela 22).

*Filiação a uma organização.* A filiação em organizações entre os participantes da FPVST é positiva, exceto para os de Kalahandi. As actividades envolvidas são a provisão de educação informal e o acesso às necessidades do agregado familiar. Curiosamente, os participantes da FPVST do distrito de Kalahandi não manifestaram qualquer interesse (Quadro 23).

### Sistemas agrícolas

*Tamanho da exploração e disponibilidade de irrigação.* A dimensão das explorações é de pequena a semi-média, tendo a maioria acesso à irrigação. Em Kalahandi e Nuapada, alguns dos participantes não têm acesso à irrigação. Apenas 6 dos 12 inquiridos dependem da precipitação. Todos os inquiridos de Bolangir dependem de poços e 2 (40%) de lagos agrícolas em Nuapada, e 100% de canais e de recolha de água em Rayagada (Quadro 24).

*Fontes de informação agrícola.* Existem diversas fontes de informação agrícola entre os agricultores inquiridos que participam na FPVST. Em termos distritais, a classificação é diferente. A fonte dos media, especificamente a televisão, revela-se uma fonte importante. O ICRISAT também foi considerado uma fonte importante e classificado como 1 em Kalahandi, 2 em Rayagada e 4 em Nuapada (Quadro 25).

*Recursos pecuários.* Os inquiridos possuíam diferentes tipos de gado, sendo que a maioria tinha vacas, novilhos, cabras, galinhas e outros como patos e ovelhas. Estes são activos domésticos igualmente importantes como fonte de força de tração, leite e dinheiro (Tabela 26).

*Participação do género.* Os inquiridos da FPVST referiram a partilha de responsabilidades na maioria das operações agrícolas em todos os distritos (Rayagada, 57%; Bolangir e Nuapada, 40% respetivamente; e Kalahandi, 8%) (Quadro 27). As operações agrícolas específicas em que as mulheres efectuam grande parte do trabalho são a limpeza das sementes, o armazenamento das sementes e a preparação do *dal*. A monda é basicamente uma atividade feminina nos distritos de Bolangir, Kalahandi e Nuapada (Figura 7). Os agricultores inquiridos são de opinião que o cultivo melhorado do feijão bóer resultou numa maior participação das mulheres.

*Custo de produção (FPVST).* A cultura do feijão-frade, nomeadamente para o ensaio varietal, é apenas de dimensão marginal (menos de 1,01 ha). O rácio benefício-custo variou entre 1:0,77 e 1,89. Nuapada e Rayagada registaram o rácio benefício-custo mais elevado, de 1: 1,76 e 1,89, respetivamente. Kalahandi foi estimado em 1: 1,41 e Bolangir registou o rácio mais baixo de 1:0,77 (Quadro 28). Este facto está em conformidade com Deepak Mohanty, S.C.Patnaik, P.Jeevan Das, N.K.Parida e M.Nedunchezhiyan (2010), onde se verificou um aumento do rendimento monetário líquido (RMN), bem como do rácio benefício-custo, devido a alterações no sistema de cultivo e à introdução do feijão-frade como parte do mesmo.

Tabela 22. Informações sócio-demográficas

| Dados | Bolangir (n=1) | | Kalahandi (n= 4) | | Nuapada (n= 5) | | Rayagada (n=2) | |
|---|---|---|---|---|---|---|---|---|
| | Não. | % | Não. | % | Não. | % | Não. | % |
| **Faixa etária** | | | | | | | | |
| 25 - 44 anos | 1 | 100 | 2 | 50 | 3 | 30 | 1 | 50 |
| 45 -64 anos | - | - | 2 | 50 | 2 | 20 | 1 | 50 |
| **Género** | | | | | | | | |
| Masculino | 1 | 100 | 4 | 100 | 5 | 100 | 2 | 100 |
| **Estado civil** | | | | | | | | |
| Casado | 1 | 100 | 4 | 100 | 4 | 80 | 2 | 100 |
| Individual | - | - | - | - | 1 | 20 | - | - |
| **Qualificações académicas** | | | | | | | | |
| $1^{st} - 5^{th}$ | - | - | - | - | 1 | 20 | 2 | 100 |
| $6^{th} - 10^{th}$ | 1 | 100 | 3 | 75 | 1 | 20 | - | - |
| Acima de $10^{th}$ | - | - | 1 | 25 | 1 | 20 | - | - |
| Analfabeto | - | - | - | - | 2 | 40 | - | - |

Tabela 23. Filiação a organizações

| Particularidades | Bolangir (n=1) | | Kalahandi (n= 4) | | Nuapada (n= 5) | | Rayagada (n=2) | |
|---|---|---|---|---|---|---|---|---|
| | Não. | % | Não. | % | Não. | % | Não. | % |
| **Participação em SHG/Organização** | | | | | | | | |
| Sim | 1 | 100 | - | - | 4 | 80 | 1 | 50 |
| Não | - | - | 4 | 100 | 1 | 20 | 1 | 50 |
| **Papel no SHG/Organização** | | | | | | | | |
| Membro | 1 | 100 | - | - | 1 | 25 | 1 | 100 |
| Sem resposta | - | - | - | - | 3 | 75 | - | - |
| **Actividades no GAA** | | | | | | | | |
| Educação, sensibilização para a agricultura e o desenvolvimento rural | - | - | - | - | 1 | 100 | - | - |
| Fornecimento de bens de primeira necessidade | 1 | 100 | - | - | - | - | 1 | 100 |
| **Não ser membro da organização** | | | | | | | | |
| Sem interesse | - | - | 4 | 100 | 1 | 100 | 1 | 100 |

Quadro 24. Sistema de exploração agrícola

| Particulars | Bolangir (n=1) | | Kalahandi (n= 4) | | Nuapada (n= 5) | | Rayagada (n=2) | |
|---|---|---|---|---|---|---|---|---|
| | No. | % | No. | % | No. | % | No. | % |
| Farm size | | | | | | | | |
| Small | 1 | 100 | 1 | 25 | 4 | 80 | - | - |
| Semi-medium | - | - | 3 | 75 | 1 | 20 | 2 | 100 |
| Irrigation | | | | | | | | |
| Yes | 1 | 100 | 2 | 50 | 2 | 40 | 2 | 100 |
| No | - | - | 2 | 50 | 3 | 60 | - | - |
| Type of Irrigation | | | | | | | | |
| Borewell | 1 | 100 | 1 | 25 | - | - | - | - |
| Rainfed | - | - | 3 | 75 | 3 | 60 | - | - |
| Farm pond | - | - | - | - | 2 | 40 | - | - |
| Others (Canal, water harvesting etc.) | - | - | - | - | - | - | 2 | 100 |

Legend: Marginal    -   < 1.01 ha
Small    -   1.01 - 2.00 ha
Semi-medium    -   2.01 - 4.00 ha
Medium    -   4.01 - 10.00 ha
Large    -   > 10.00 ha

Tabela 25. Fontes de informação agrícola

| Classificação | Bolangir (n=1) | Kalahandi (n= 4) | Nuapada (n= 5) | Rayagada (n=2) |
|---|---|---|---|---|
| Classificação 1 | - Televisão (100%) | - Pessoal do ICRISAT (50%) | - ONG (60%) | - Direção-Geral da Agricultura (100%) |
| Classificação 2 | - Trabalhadores das aldeias (100%) | - Clube de agricultores (50%) | • Direção-Geral da Agricultura (20%)<br>• Televisão (20%) | - Pessoal do ICRISAT (50%) |
| Classificação 3 | - Krushak Sathi (100%) | • Direção-Geral da Agricultura (20%)<br>• ONG (25%) | - Televisão (40%) | - Televisão (20%) |
| Classificação 4 | - Amigos (100%) | - Amigos (20%) | - Pessoal do ICRISAT (40%) | - Brochura (100%) |
| Classificação 5 | - Cartaz (100%) | - Televisão (25%) | • Amigos (20%)<br>• Rádio (20%)<br>• VAW (20%) | - |

Nota: (Ordenar por ordem decrescente, do mais importante para o menos importante, sendo 1 o mais importante)

Tabela 26. Recursos pecuários (%)

| Pecuária | Bolangir (n=1) | Kalahandi (n= 4) | Nuapada (n= 5) | Rayagada (n=2) |
|---|---|---|---|---|
| Touros | 100 | - | 60 | 50 |
| Vaca | 100 | 100 | 60 | 50 |
| Cabra | 100 | 100 | 40 | - |
| Frango | - | - | 40 | - |

| Outros | - | 25 | - | - |

Quadro 27. Participação do género nas operações agrícolas

| Localização | Participação do género (%) | | | |
|---|---|---|---|---|
| | Masculino | Feminino | Ambos | Sem resposta |
| Bolangir (n=1) | 33 | 27 | 40 | - |
| Kalahandi (n= 4) | 52 | 35 | 8 | 5 |
| Nuapada (n= 5) | 33 | 27 | 40 | - |
| Rayagada (n=2) | 10 | 33 | 57 | - |

| Location | Land Preparation | | | Planting / Sowing | | | Fertilizer application | | | Spraying | | | Weeding | | | Roughing | | | Harvesting | | | Threshing | | | Cleaning | | | Seed storage | | | Seed treatment | | | Dal preparation | | | Seed selection for planting | | | Irrigation | | | Others | | |
|---|---|---|---|---|---|---|---|---|---|---|---|---|---|---|---|---|---|---|---|---|---|---|---|---|---|---|---|---|---|---|---|---|---|---|---|---|---|---|---|---|---|---|---|---|---|
| | M | F | B | M | F | B | M | F | B | M | F | B | M | F | B | M | F | B | M | F | B | M | F | B | M | F | B | M | F | B | M | F | B | M | F | B | M | F | B | M | F | B | M | F | B |
| Bolangir (n=1) | 100 | - | - | 100 | - | - | 100 | - | - | - | - | - | 100 | - | - | 100 | - | - | 100 | - | - | 100 | - | - | 100 | - | - | 100 | - | - | 100 | - | - | 100 | - | - | 100 | 100 | - | - | 100 | - | - | - | - |
| Kalahandi (n=4) | 75 | - | 25 | 75 | 25 | - | 100 | - | - | 50 | - | 50 | 100 | - | 100 | - | - | - | 25 | 25 | 50 | 25 | 25 | - | - | 100 | - | - | 100 | - | - | 100 | 100 | - | - | 100 | - | 100 | - | - | 100 | - | - | 25 | - | - |
| Nuapada (n=5) | 40 | - | 60 | - | 20 | 80 | 20 | 20 | 60 | 80 | - | 20 | - | 60 | 40 | 40 | 20 | 40 | - | - | 100 | 40 | 20 | 40 | - | 80 | 20 | - | 60 | 40 | 40 | 20 | 40 | 20 | - | 60 | 20 | 60 | 20 | - | 20 | 20 | 80 | 20 | - | 80 | - | 20 |
| Rayagada (n=2) | 100 | - | - | - | 100 | - | - | 100 | - | 100 | - | - | - | 100 | - | - | 100 | - | - | 100 | - | - | 100 | - | - | 100 | - | - | 100 | - | - | - | 100 | 100 | - | - | 100 | - | - | 100 | - | - | 100 | 50 | - | 50 |

○ - Male
△ - Female
◯ - Both

Figura 7. Participação das mulheres na cultura do feijão-frade (FPVST)

Tabela 28. Custo médio da investigação FPVST do feijão-frade

| Location | Area | Quantity of seed used | Yield | Price | Gross income | Cost of production (Rs/ha) | | | | | | | | | | | Total production cost | Net income | B:C ratio |
|---|---|---|---|---|---|---|---|---|---|---|---|---|---|---|---|---|---|---|---|
| | ha | Kg/ha | Kg/ha | Rs/Kg | Rs/ha | Seed cost | Sowing | Cultivation | Fertilizer | Fertilizer labour | Pesticide | Pesticide labour | Weeding | Irrigation | Harvesting | Threshing | Others | Rs/ha | Rs/ha | |
| **Bolangir** | | | | | | | | | | | | | | | | | | | | |
| Marginal (n= 1) | 0.40 | 7 | 640 | 45 | 28982 | 801 | 1513 | 1420 | 1402 | 648 | 834 | 226 | 988 | 206 | 1791 | 1070 | 597 | 11296 | 17686 | 1.57 |
| **Kalahandi** | | | | | | | | | | | | | | | | | | | | |
| Marginal (n= 4) | 0.405 | 6 | 584 | 49 | 27729 | 124 | 1544 | 1544 | 778 | 679 | 618 | 309 | 988 | 618 | 1544 | 1235 | 1544 | 11523 | 16206 | 1.41 |
| **Nuapada** | | | | | | | | | | | | | | | | | | | | |
| Marginal (n= 5) | 0.405 | 7 | 640 | 49 | 32555 | 1023 | 1828 | 939 | 1877 | 865 | 642 | 124 | 889 | - | 2371 | 1087 | 148 | 11792 | 20763 | 1.76 |
| **Rayagada** | | | | | | | | | | | | | | | | | | | | |
| Marginal (n= 2) | 0.405 | 10 | 741 | 32 | 23712 | 494 | 556 | 1976 | 1173 | 247 | 1359 | 185 | 741 | - | 741 | 618 | 124 | 8213 | 15499 | 1.89 |

Legend: Marginal - < 1.01 ha
Small - 1.01 - 2.00 ha
Semi-medium - 2.01 - 4.00 ha
Medium - 4.01 - 10.00 ha
Large - > 10.00 ha

**Tecnologias adoptadas.** A adoção das variedades *maruti* e *asha* foi bem recebida pelos agricultores participantes. Todos concordaram que as variedades recém-introduzidas pelo ICRISAT-DA Govt of Odisha são melhores do que as sementes tradicionais. Quando se experimentou a produção de sementes híbridas (ICPH 2671 e ICPH 2740) em Nuapada e Rayagada, apenas 40% avaliaram o seu desempenho como bom (Nuapada) e 100% como melhor do que o local (Rayagada). Segundo eles, observou-se que as suas plantas híbridas tinham menos resistência às pragas (quadro 29).

**Necessidade de fertilizantes e insecticidas.** Estes são dois factores de produção necessários para garantir um bom rendimento. A aplicação da dose certa de fertilizante garante a duplicação do rendimento e a quantidade certa de inseticida evita o ataque de insectos e salva as culturas de danos. Em Nuapada, apenas 40% afirmaram ter adotado esta tecnologia.

**Semeadura em linha.** Esta é uma nova informação aprendida pelos agricultores dos distritos. A prática habitual era a difusão das sementes. A taxa de adoção desta tecnologia é de 100% em Bolangir, Nuapada e Rayagada. De acordo com os agricultores inquiridos, isto resultou num melhor rendimento e são necessárias menos sementes.

**Monda.** A sementeira em linha facilitou a monda. Esta é uma operação que não era efectuada anteriormente entre os cultivadores de feijão bóer. A sua prática resultou num melhor rendimento.

**Constrangimentos na FPVST.** A elevada queda de flores e o ataque de insectos foram dois dos principais constrangimentos dos agricultores inquiridos de Kalahandi. Em Rayagada e Nuapada, a ligação ao mercado é uma limitação expressa. A formação e a exposição inadequadas são também um problema para os inquiridos de Nuapada (quadro 30).

**Envolvimento no projeto ICRISAT-DA Gov't of Odisha.** Foram colocadas várias questões aos agricultores inquiridos com o objetivo final de identificar lições que possam servir de trampolim para melhorar a execução do projeto e os futuros compromissos do ICRISAT ou do Governo da província de Odisha.

**Início do projeto.** Nos quatro locais onde o FPVST foi realizado, quase todos afirmaram que a participação da comunidade foi suficiente. Os agricultores respondentes de Kalahandi afirmaram que houve uma consulta parcial, nenhuma consulta e outro não deu qualquer resposta. Uma resposta semelhante à do IPPT foi mencionada em actividades muito específicas, como: seleção do local, seleção de variedades e híbridos, realização de demonstrações, realização de formação de agricultores, preparação de materiais de IEC e compra de produtos agrícolas. No entanto, noutros itens, como a realização de experiências, a realização de formação especializada e de SHG, foi dito que foi feito sem muita consulta à comunidade (Anexo 5).

**Grau de satisfação com as actividades de reforço das capacidades.** Quase 50% não expressaram a sua opinião sobre as várias actividades de desenvolvimento de capacidades implementadas. No entanto, os que responderam afirmativamente, afirmaram estar "plenamente satisfeitos" ou "satisfeitos" (Quadro 31).

**Materiais de IEC utilizados.** Os folhetos sobre práticas de gestão cultural do feijão bóer e gestão integrada de pragas e doenças foram os dois materiais de IEC mais utilizados em todos os distritos (Anexo 6). Estes foram considerados muito úteis porque serviram de guia no seu cultivo de feijão bóer. Mesmo os cartazes fornecidos pelo projeto eram muito informativos, como afirmaram os inquiridos.

Quadro 29. Tecnologias específicas adoptadas na FPVST

| Tecnologias | Bolangir (n=1) | Kalahandi (n= 4) | Nuapada (n= 5) | Rayagada (n=2) |
|---|---|---|---|---|
| Variedades | 100% | 100% | 100% | 100% |
| Observações | - Asha, Maruti e ICP- 7035 são bons (100 %) | - Boa variedade (100%) | - Asha, Maruti e ICP- 7035 são bons (100 %) | - As novas variedades são melhores do que as locais (100%) |
| Híbridos | - | - | 40% | 100% |
| Observações | - | - | - ICPH-2671, ICPH-2740 são bons (40%) | - Os híbridos são melhores do que os locais (100%) |
| Necessidade de fertilizantes | 100% | 100% | 100% | 100% |
| Observações | - Dose necessária de fertilizante aplicada para melhor rendimento (100%) | - Adoção da aplicação de fertilizantes no feijão bóer para aumentar o rendimento até 2 vezes (100%) | - Dose necessária de fertilizante aplicada para melhor rendimento (100%) | - Dose necessária de fertilizante aplicada para melhor rendimento (100%) |
| Inseticida | 100% | 100% | 40% | 100% |

| Observações | - Para o controlo de doenças (100%) | - Utilizou pesticidas para evitar o ataque de insectos (100%) | • Fornecimento de pesticidas próprios (20%)<br>• Pesticida fornecido (20%) | - Controlou eficazmente os insectos/pragas e evitou que a cultura sofresse danos (100%) |
|---|---|---|---|---|
| **Semeadura em linha** | 100% | 25% | 100% | 100% |
| Observações | - A sementeira em linha deu mais rendimento do que a sementeira a lanço e são necessárias menos sementes (100%) | - Ajudou a melhorar a percentagem de germinação (25%) | - A sementeira em linha deu mais rendimento do que a sementeira a lanço e são necessárias menos sementes (100%) | - A sementeira em linha deu mais rendimento do que a sementeira a lanço e são necessárias menos sementes (100%) |
| **Monda** | 100% | 100% | 100% | 100% |
| Observações | - Bom resultado (100%) | • Adoção da monda, para maior rendimento com um crescimento adequado das culturas (25%)<br>• Não seguimos a monda anteriormente (75%) | - Duas vezes a monda (100%) | - Adoção da monda, para um maior rendimento com um crescimento adequado das culturas (100%) |

Tabela 30. Problemas e limitações da FPVST

| Dados | Bolangir (n=1) | | Kalahandi (n=4) | | Nuapada (n=5) | | Rayagada (n=2) | |
|---|---|---|---|---|---|---|---|---|
| | Não. | % | Não. | % | Não. | % | Não. | % |
| **A. Gestão cultural** | | | | | | | | |
| 1. Elevada queda de flores | - | - | 3 | 75 | - | - | - | - |
| 2. Elevado ataque de insectos | - | - | 2 | 50 | - | - | - | - |
| 3. Falta de mão de obra | 1 | 100 | - | - | - | - | - | - |
| **B. Marketing** | | | | | | | | |
| 1. Ausência de ligação ao mercado | - | - | - | - | 1 | 20 | 2 | 100 |
| **C. Outros** | | | | | | | | |
| 1. Sem formação/sensibilização/exposição | - | - | - | - | 3 | 60 | - | - |

Tabela 31. Grau de satisfação com o envolvimento dos participantes nas actividades de reforço das capacidades

| Dados (N=12) | Sim | | | | | | Não | |
|---|---|---|---|---|---|---|---|---|
| | Não. | % | Plenamente satisfeito | | Satisfeito | | Não satisfeito | | Não. | % |
| | | | Não. | % | Não. | % | Não. | % | | |
| Reunião de projeto e workshop | 4 | 33 | 1 | 25 | 2 | 50 | 1 | 25 | 8 | 67 |
| Reunião de apresentação do projeto | 4 | 33 | 2 | 50 | 2 | 50 | - | - | 8 | 67 |
| Orientação do projeto e formação | 4 | 33 | 2 | 50 | 2 | 50 | - | - | 8 | 67 |
| Lançamento do projeto e seminário de formação | 4 | 33 | 1 | 25 | 3 | 75 | - | - | 8 | 67 |
| Seminário de reunião de orientação do projeto | 4 | 33 | 1 | 25 | 3 | 75 | - | - | 8 | 67 |
| Curso de formação especializada para agricultores | 5 | 42 | 2 | 40 | 3 | 60 | - | - | 7 | 58 |
| Demonstração do dia de campo do agricultor | 5 | 42 | - | - | 5 | 100 | - | - | 7 | 58 |
| Outros | 7 | 58 | 1 | 14 | 6 | 86 | - | - | 5 | 42 |

### 3.0 Produção de sementes (SP)

*Informações sócio-demográficas.* Os agricultores inquiridos nesta categoria tinham entre 25 e 44 anos de idade. A maioria é do sexo masculino (95% de Kalahandi, 84% de Nuapada e 100% de Rayagada), com um par de mulheres nos distritos de Kalahandi (5%) e Nuapada (165). Todos são casados, com exceção de 1, e têm um certo grau de instrução, na sua maioria ao nível de 6 -10$^{thth}$ padrões (Quadro 32).

**Filiação a uma organização.** A não afiliação a uma organização entre os participantes do PS é maior em comparação com os que disseram ser membros (Tabela 33). Entre os que afirmaram ser membros, a maioria é apenas membro e alguns têm um cargo de direção. As actividades desenvolvidas pelos seus SHGs são a poupança, a educação informal e o acesso às necessidades do agregado familiar. Os não-membros alegaram não ter interesse, falta de sensibilização, de recursos e também questões comunitárias como a paz e a ordem.

*Sistemas agrícolas*

*Dimensão das explorações e disponibilidade de irrigação.* A dimensão das explorações agrícolas das PS em Kalahandi é semi-média (43%) a média (39%), em Nuapada é maioritariamente marginal (32%), pequena (42%) e semi-média (23%) e em Rayagada todas têm dimensão marginal. A maior parte dos PS depende da chuva para a sua irrigação (Kalahandi, 55% e Nuapada, 83%) e de outros tipos, como lagoa agrícola, poço, rio, etc. (Quadro 34).

*Fontes de informação agrícola.* Em Kalahandi, o pessoal do ICRISAT foi a sua fonte de informação mais importante e, em Nuapada e Rayagada, o departamento de agricultura e o departamento de tutela foram a sua posição 1. Os meios de comunicação social também foram importantes, incluindo a televisão, a rádio e a imprensa escrita, como brochuras e jornais. Em Nuapada, o grupo não governamental SVA que trabalha com este projeto de feijão-frade também foi considerado uma das cinco fontes mais importantes de informação agrícola (Quadro 35).

*Recursos pecuários.* Os inquiridos possuíam diferentes tipos de gado, sendo que a maioria tinha vacas, novilhos, cabras, galinhas e outros, como patos e ovelhas. Estes são activos domésticos igualmente importantes como fontes de alimento (leite) e dinheiro (Tabela 36).

### Sistema de cultivo de feijão-frade

**Participação do género.** Dos 44 SP inquiridos, a maioria (56%) afirmou que as várias operações agrícolas são realizadas por homens (Quadro 37). Nos distritos de Nuapada e Rayagada, 61% e 60%, respetivamente, disseram que as operações agrícolas são trabalho partilhado por ambos os sexos. O envolvimento das mulheres nas operações agrícolas é na monda, colheita, debulha e limpeza de sementes (especialmente em Rayagada), armazenamento de sementes (especialmente em Kalahandi) e preparação de *dal* (especialmente em Kalahandi e Rayagada) (Figura 8).

SP Os agricultores inquiridos foram de opinião que o cultivo melhorado do feijão-frade resultou numa maior participação das mulheres, especialmente das mulheres tribais (Rayagada; 100%) e na sua participação em várias práticas de gestão cultural (Nuapada, 100%).

Tabela 32. Informações sócio-demográficas

| Dados | Kalahandi (n= 44) | | Nuapada (n= 102) | | Rayagada (n= 15) | |
|---|---|---|---|---|---|---|
| | Não. | % | Não. | % | Não. | % |
| **Grupo etário** | | | | | | |
| 18 - 24 anos | 1 | 2 | - | - | - | - |
| 25 - 44 anos | 28 | 64 | 41 | 25 | 9 | 60 |
| 45 -64 anos | 11 | 25 | 56 | 35 | 5 | 33 |
| 65 -74 anos | 4 | 9 | 4 | 2 | 1 | 7 |
| Mais de 75 anos | - | - | 1 | 1 | - | - |
| **Género** | | | | | | |
| Masculino | 42 | 95 | 86 | 84 | 15 | 100 |
| Feminino | 2 | 5 | 16 | 16 | - | - |
| **Estado civil** | | | | | | |
| Casado | 44 | 100 | 101 | 99 | 15 | 100 |
| Individual | - | - | 1 | 1 | - | - |
| **Habilitações literárias** | | | | | | |
| $1^{st}$ - $5^{th}$ | 6 | 14 | 14 | 14 | 8 | 53 |
| $6^{th}$ - $10^{th}$ | 32 | 73 | 44 | 43 | 4 | 27 |
| Acima de $10^{th}$ | 6 | 14 | 13 | 13 | 1 | 7 |
| Analfabeto | - | - | 29 | 28 | 2 | 13 |
| Sem resposta | - | - | 2 | 2 | - | - |

Tabela 33. Filiação a organizações

| Dados | Kalahandi (n= 44) | | Nuapada (n= 102) | | Rayagada (n= 15) | |
|---|---|---|---|---|---|---|
| | Não. | % | Não. | % | Não. | % |
| **Participação em SHG/ organização** | | | | | | |
| Sim | 10 | 23 | 48 | 47 | 4 | 27 |
| Não | 34 | 77 | 54 | 53 | 11 | 73 |
| **Função no GAA/ organização** | | | | | | |
| Membro | 7 | 70 | 31 | 65 | 4 | 100 |

| | | | | | | |
|---|---|---|---|---|---|---|
| Funcionário | 3 | 30 | 16 | 33 | - | - |
| Sem resposta | - | - | 1 | 2 | - | - |
| **Actividades no GAA** | | | | | | |
| Poupança | 2 | 20 | 6 | 13 | - | - |
| Educação, sensibilização para a agricultura e o desenvolvimento rural | 1 | 10 | 41 | 85 | - | - |
| Fornecimento de bens de primeira necessidade | 2 | 20 | 1 | 2 | - | - |
| Desativado | - | - | - | - | 1 | 25 |
| **Não adesão a organizações** | | | | | | |
| Falta de interesse | 31 | 91 | 40 | 74 | 2 | 18 |
| Falta de sensibilização | 3 | 9 | - | - | - | - |
| Falta de recursos | - | - | 9 | 17 | - | - |
| Falta de paz na comunidade | - | - | 5 | 9 | 2 | 18 |
| Sem resposta | - | - | - | - | 7 | 64 |

Quadro 34. Sistema de exploração agrícola

| Particularidades | Kalahandi (n= 44) | | Nuapada (n= 102) | | Rayagada (n= 15) | |
|---|---|---|---|---|---|---|
| | Não. | % | Não. | % | Não. | % |
| **Dimensão da exploração** | | | | | | |
| Marginal | 3 | 7 | 33 | 32 | 15 | 100 |
| Pequeno | 4 | 9 | 43 | 42 | - | - |
| Semi-médio | 19 | 43 | 23 | 23 | 2 | 13 |
| Médio | 17 | 39 | 2 | 2 | 8 | 53 |
| Grande | - | - | 1 | 1 | - | - |
| Sem resposta | 1 | 2 | - | - | - | - |
| **Irrigação** | | | | | | |
| Sim | 20 | 45 | 18 | 18 | 15 | 100 |
| Não | 24 | 55 | 84 | 82 | - | - |
| **Tipo de irrigação** | | | | | | |
| Perfurar poço | 5 | 11 | 3 | 3 | 1 | 7 |
| Poço escavado | - | - | 5 | 5 | - | - |
| Pluviosidade | 24 | 55 | 85 | 83 | - | - |
| Lago da quinta | 6 | 14 | - | - | 2 | 13 |
| Rio | 5 | 11 | 3 | 3 | 1 | 7 |
| Elevador | - | - | - | - | 1 | 7 |
| Outros (canal, recolha de água, etc.) | 5 | 11 | 6 | 6 | 11 | 73 |

**Legenda:** Marginal &lt; 1,01 ha
Pequeno 1,01 - 2,00 ha
Semi-médio 2,01 - 4,00 ha
Médio 4.01 - 10.00 ha
Grande &gt; 10,00 ha

Tabela 35. Fontes de informação agrícola

| Classificação | Kalahandi (n= 44) | Nuapada (n= 102) | Rayagada (n= 15) |
|---|---|---|---|
| Classificação 1 | - Pessoal do ICRISAT (64%) | - Departamento de agricultura e departamento de linha (40%) | • Direção-Geral da Agricultura (27%)<br>• Pessoal do ICRISAT (27%) |
| Classificação 2 | - Clube de agricultores (27%) | - ONG (29%) | - Direção de linha (7%) |
| Classificação 3 | - Direção-Geral da Agricultura (23%) | - Pessoal do ICRISAT (19%) | - Pessoal do ICRISAT (13%) |
| Classificação 4 | - Televisão (14%) | • Rádio (15%)<br>• SVA (15%) | • Televisão (33%)<br>• Rádio (33%) |
| Classificação 5 | - Jornais (5%) | - Televisão (16%) | - Brochura (13%) |

Nota: (Ordenar por ordem decrescente, do mais importante para o menos importante, sendo 1 o mais importante)

Tabela 36. Recursos pecuários (%)

| Pecuária | Kalahandi (n= 44) | Nuapada (n= 102) | Rayagada (n= 15) |
|---|---|---|---|
| Touros | - | 22 | 67 |
| Vaca | 84 | 68 | 47 |
| Cabra | 73 | 41 | 13 |
| Galinha | 5 | 13 | - |
| Outros | - | 3 | 20 |

Quadro 37. Participação do género nas operações agrícolas

| Localização | Participação do género (%) | | | |
|---|---|---|---|---|
| | Masculino | Feminino | Ambos | Sem resposta |
| Kalahandi (n= 44) | 56 | 24 | 6 | 14 |
| Nuapada (n= 102) | 27 | 12 | 61 | - |
| Rayagada (n= 15) | 7 | 33 | 60 | - |

| Location | Land Preparation | | Planting / Sowing | | Fert Application | | Spraying | | Weeding | | Roughing | | Harvesting | | Threshing | | Cleaning | | Seed Storage | | Seed Treatment | | Dal Preparation | | Seed Selection for planting | | Irrigation | | Others | |
|---|---|---|---|---|---|---|---|---|---|---|---|---|---|---|---|---|---|---|---|---|---|---|---|---|---|---|---|---|---|
| | M | F | B | M | F | B | M | F | B | M | F | B | M | F | B | M | F | B | M | F | B | M | F | B | M | F | B | M | F | B | M | F | B | M | F | B | M | F | B | M | F | B |
| Kalahandi (n= 44) | 93 | 2 | 5 | 75 | 20 | 5 | 100 | - | - | 91 | 7 | 2 | 39 | 61 | - | 80 | 14 | 5 | 73 | 18 | 9 | 75 | 25 | - | 90 | 59 | 11 | 18 | 61 | 20 | 75 | 11 | 11 | 16 | 88 | 9 | 39 | 2 | - | 27 | 2 | 2 | 16 | 2 | 9 |
| Nuapada (n= 102) | 35 | - | 65 | 3 | 7 | 90 | 17 | 1 | 82 | 33 | 1 | 46 | 1 | 24 | 75 | 35 | - | 65 | 13 | 1 | 86 | 7 | 14 | 79 | 7 | 38 | 55 | 23 | 25 | 52 | 32 | 14 | 54 | 5 | 46 | 49 | 25 | 9 | 66 | 76 | - | 24 | 72 | - | 28 |
| Rayagada (n= 15) | 100 | - | - | - | - | 100 | - | - | 100 | - | - | 100 | - | - | 100 | - | - | 100 | - | - | 100 | - | - | 100 | - | - | 100 | - | - | 100 | - | - | 100 | - | - | 100 | 100 | - | - | 100 | - | - | 100 | - | - |

○ - Male
△ - Female
◎ - Both

Figura 8. Participação das mulheres na produção de sementes

*Tipos de produção de sementes.* A produção de sementes de fundação (Kalahandi, 52%; Nuapada, 75%, e Rayagada, 13%) e de sementes certificadas (Kalahandi, 45%; Nuapada, 19%, e Rayagada, 18%) foi maioritariamente efectuada pelos agricultores-respondentes dos PS. Muito poucos (Nuapada, 6% e Kalahandi, 2%) estão a produzir sementes híbridas. O pacote completo do protocolo de produção de sementes fornecido pelo projeto ICRISAT-DA Gov't of Odisha foi adotado pelos inquiridos na produção de sementes (Quadro 38).

*Rácio benefício-custo da produção de sementes.* A produção de sementes de feijão bóer é uma empresa bastante lucrativa, como mostra o rácio benefício-custo de 1:0,12-2,79. Como mostra o quadro 39, o rácio benefício-custo mais elevado é o de Kalahandi, com um valor de 2,79 (dimensão da exploração: semi-média), seguido de Nuapada (dimensão da exploração: média) e um rácio de 2,73 e o mais baixo é o de Rayagada, estimado em 0,12 (dimensão da exploração: marginal).

*Tecnologias adoptadas.* A introdução de *maruti* e *asha* foi bem recebida pelos produtores de sementes. A produção de sementes híbridas, especificamente a ICPH 2741, foi testada em Nuapada e foi avaliada como igualmente boa. Em Kalahandi, 84% dos agricultores que experimentaram as variedades ICRISAT consideraram o seu desempenho como bom, Nuapada (77%) e Rayagada (80%) como melhor do que o local (Quadro 40).

*Aplicação de fertilizantes.* A aplicação de fertilizantes ajudou os produtores de todos os sítios a obterem melhores rendimentos. No entanto, também houve quem utilizasse fertilizantes pela primeira vez; Kalahandi, 23% e Nuapada, 14%.

*Necessidade de inseticida.* A utilização judiciosa de inseticida na altura certa é outra tecnologia que contribuiu para melhorar o rendimento do feijão bóer. Em Rayagada (33%), os produtores observaram que a utilização de pesticidas controlava o ataque de pragas e reduzia a perda de colheitas. Em Kalahandi, 34% aplicaram esta tecnologia e obtiveram mais rendimentos com o cultivo do feijão-frade. Em Nuapada, 25% disseram que os pesticidas ajudaram a obter um bom rendimento.

*Semeadura em linha.* Pela primeira vez, os agricultores familiarizaram-se com a tecnologia de sementeira em linha em camalhões. Oitenta e sete por cento (87%) dos inquiridos de Rayagada adoptaram a sementeira em linha para aumentar o rendimento e melhorar a produção. Em Nuapada, 100% e em Kalahandi, 34% dos agricultores de produção de sementes adoptaram a sementeira direta de feijão bóer em camalhões, o que facilitou outras operações agrícolas, como a monda e a consociação de culturas.

*Monda.* Após a sementeira, os agricultores praticam a monda para assegurar o crescimento da cultura. Setenta por cento (70%) dos agricultores de Kalahandi afirmaram que a monda é necessária especialmente depois da sementeira (pelo menos 30 dias depois) para garantir um melhor rendimento. Todos os inquiridos em Nuapada fizeram o mesmo comentário sobre a importância da monda.

*Envolvimento no projeto ICRISAT-DA Gov't of Odisha.* Foram colocadas várias questões aos agricultores inquiridos com o objetivo final de identificar lições que possam servir de trampolim para melhorar a execução do projeto e os futuros compromissos do ICRISAT ou do Governo da província de Odisha.

*Início do projeto.* Durante o início do projeto, os responsáveis pela produção de sementes de Kalahandi e Nuapada afirmaram que a consulta foi parcial, ao passo que em Rayagada a consulta foi suficiente (Anexo 7).

Actividades específicas como a seleção do local, a seleção de variedades e híbridos, a realização de demonstrações, a realização de formação de agricultores e cursos especializados, e a compra de produtos agrícolas foram implementadas com suficiente consulta à comunidade. A seleção do híbrido foi feita pelos executores do projeto. A recolha de dados de base, a preparação de materiais de IEC, a aquisição de bens necessários e a construção de infra-estruturas foram realizadas, tendo alguns afirmado que foram efectuadas consultas suficientes e outros afirmado o contrário.

Tabela 38. Tipo de produção de sementes

| Dados | Kalahandi (n= 44) | | Nuapada (n= 102) | | Rayagada (n= 15) | |
|---|---|---|---|---|---|---|
| | Não. | % | Não. | % | Não. | % |
| Sementes certificadas | 20 | 45 | 19 | 19 | 13 | 87 |
| Semente de fundação | 23 | 52 | 77 | 75 | 2 | 13 |
| Sementes híbridas | 1 | 2 | 6 | 6 | - | - |

Tabela 39. Custo médio de produção de sementes

| Location | Area | Quantity of seed used | Yield | Price | Gross Income | Cost of production (Rs/ha) | | | | | | | | | | | Total production cost | Net Income | B:C ratio |
|---|---|---|---|---|---|---|---|---|---|---|---|---|---|---|---|---|---|---|---|
| | ha | kg/ha | Kg/ha | Rs/Kg | Rs/ha | Seed Cost | Sowing | Cultivation | Fertilizer | Fertilizer labour | Pesticide | Pesticide labour | Weeding | Irrigation | Harvesting | Threshing | Others | Rs/ha | Rs/ha | |
| **Kalahandi** | | | | | | | | | | | | | | | | | | | | |
| Marginal (n=5) | 0.45 | 9 | 405 | 65 | 26330 | 445 | 889 | 939 | 1591 | 543 | 692 | 395 | 543 | 543 | 889 | 840 | 593 | 8902 | 17428 | 1.96 |
| Small (n=20) | 1.02 | 21 | 456 | 64 | 29344 | 1114 | 945 | 722 | 1815 | 568 | 803 | 148 | 400 | 303 | 747 | 636 | 358 | 8560 | 20784 | 2.43 |
| Semi-medium (n=18) | 2.42 | 48 | 882 | 65 | 44330 | 3046 | 906 | 851 | 1976 | 796 | 653 | 425 | 700 | 316 | 919 | 686 | 425 | 11700 | 32630 | 2.79 |
| Medium (n=1) | 4.05 | 79 | 741 | 65 | 48165 | 6323 | 988 | 1729 | 2964 | - | 1235 | - | 741 | - | 1729 | 741 | - | 16450 | 31715 | 1.93 |
| **Nuapada** | | | | | | | | | | | | | | | | | | | | |
| Marginal (n=95) | 0.47 | 12 | 570 | 60 | 34511 | 773 | 1212 | 1370 | 1821 | 595 | 561 | 397 | 1425 | 254 | 1026 | 783 | 148 | 10364 | 24147 | 2.33 |
| Small (n=6) | 1.18 | 23 | 1354 | 62 | 82354 | 2174 | 3088 | 3055 | 4899 | 906 | 1564 | 1153 | 3582 | 0 | 1482 | 2058 | 247 | 24206 | 58148 | 2.40 |
| Medium (n=1) | 4.86 | 124 | 6689 | 65 | 433485 | 12350 | 19760 | 14620 | 24700 | 1235 | 2470 | 1235 | 14020 | 7410 | 12350 | 4940 | - | 116900 | 317395 | 2.73 |
| **Rayagada** | | | | | | | | | | | | | | | | | | | | |
| Marginal (n=15) | 0.40 | 10 | 675 | 52 | 34992 | 433 | 609 | 2034 | 790 | 659 | 914 | - | 972 | 873 | - | 7324 | 16544 | 31152 | 3840 | 0.12 |

Legend: Marginal - < 1.01 ha
Small - 1.01 - 2.00 ha
Semi-medium - 2.01 - 4.00 ha
Medium - 4.01 - 10.00 ha
Large - > 10.00 ha

Tabela 40. Tecnologias de feijão-frade adoptadas

| Particularidades | Kalahandi (n= 44) | Nuapada (n= 102) | Rayagada (n= 15) |
|---|---|---|---|
| Variedades | 99% | 91% | 80% |
| Observações | • Bom rendimento (84%)<br>• Necessidades intensivas (11%)<br>• Asha é bom (2%)<br>• Adoção de novas tecnologias (2%) | • Asha é bom (77%)<br>• A Maruti é boa (14%) | - Bom rendimento e melhor que o local (80%) |
| Híbridos | - | 8% | 13% |
| Observações | - | • ICPH 2741 e ICPH 2671 são bons (2%)<br>• Asha é bom (5%)<br>• Maruti é bom (1%) | - Bom rendimento (13%) |
| Necessidade de fertilizantes | 100% | 100% | 86% |

| Observações | • O fertilizante ajudou a obter um bom rendimento (68%)<br>• Utilizou fertilizante pela primeira vez em *arhar* (23%)<br>• Não há necessidade de fertilizantes para aplicar o *arhar* (7%)<br>• Fornecimento gratuito de fertilizantes (2%) | • O fertilizante ajudou a obter um bom rendimento (73%)<br>• Utilizar o seu próprio fertilizante (12%)<br>• Menor quantidade de fertilizante fornecido (1%)<br>• Fertilizante utilizado pela primeira vez em *arhar* (14%) | • O fertilizante ajudou a obter um bom rendimento (73%)<br>• Dose necessária de fertilizante aplicada para melhor rendimento (13%) |
|---|---|---|---|
| **Inseticida** | **68%** | **77%** | **35%** |
| Observações | • Necessidade de pesticidas para melhorar o rendimento (9%)<br>• Obteve mais rendimentos utilizando pesticidas (34%)<br>• Não foram aplicados pesticidas em *arhar* (18%)<br>• Utilizou fertilizante pela primeira vez em *arhar* (7%) | • Fornecimento de pesticidas (33%)<br>• Utilizar o seu próprio pesticida (22%)<br>• Os pesticidas contribuíram para um bom rendimento (25%) | • Dose necessária de pesticida aplicada para um melhor rendimento (2%)<br>• Controlo do ataque de pragas e redução da perda de colheitas (33%) |
| **Semeadura em linha** | **36%** | **100%** | **100%** |
| Observações | • Facilidade na monda e na consociação de culturas (34%)<br>• Seguiu-se a sementeira em linha no milho e no *trigo* (2%) | - Facilidade na monda e na consociação de culturas (100%) | - Adoptou a sementeira em linha para uma melhor produção (87%) |
| **Monda** | **100%** | **100%** | **100%** |
| Observações | • A monda é necessária (70%)<br>• Efectuada uma vez em 30 dias após a sementeira (30%) | - A monda contribuiu para o crescimento adequado das culturas; daí um bom rendimento (100%) | • Problema laboral (46%)<br>• A monda contribuiu para o bom desenvolvimento das culturas (47%)<br>• Monda manual e monda com trator (7%) |

*Grau de Satisfação com as Várias Actividades de Capacitação.* Dependendo das circunstâncias específicas, os agricultores participaram em diferentes actividades de capacitação e deram a sua opinião sobre as actividades. A maioria dos inquiridos expressou a sua satisfação com a reunião do projeto, o workshop e a formação realizada. Alguns também mencionaram a sua satisfação relativamente à reunião de sensibilização. Raramente os inquiridos afirmaram não estar satisfeitos. No entanto, alguns não quiseram fazer comentários sobre as principais actividades do projeto (Quadro 41).

*Material de IEC disponibilizado.* A sensibilização para o projeto foi feita através de actividades intensivas de IEC, utilizando meios electrónicos, impressos e brochuras sobre a cultura do feijão bóer, etc. O folheto fornecido pelo projeto sobre práticas de gestão cultural teve a melhor utilização (Kalahandi, 98%), Nuapada (100%), e Rayagada, 100%) (Anexo 8). Muitos foram da opinião de que o material contém informações muito úteis, aprendidas sobre práticas de produção de feijão-frade, como o controlo de insectos, a utilização adequada de pesticidas e a aplicação de fertilizantes, e a sementeira em linha. Uma opinião semelhante foi dita sobre o folheto de Gestão Integrada de Doenças e Pragas. Outros materiais utilizados foram a rádio, a televisão e a cobertura do sistema de produção do feijão-frade, que forneceram informações agrícolas adicionais.

*Grau de satisfação dos papéis das principais partes interessadas.* A satisfação dos papéis das partes interessadas constitui a condição básica para o sucesso de um projeto. As informações sobre o grau de satisfação na perspetiva da produção de sementes revelaram respostas de "totalmente satisfeito" e apenas "satisfeito" em relação aos vários actores. Em Kalahandi, quase toda a gente estava satisfeita com os vários intervenientes. Em Nuapada, a associação de agricultores ficou satisfeita com a produção de sementes, e o Departamento de Agricultura e o ICRISAT, com alguns afirmando estar satisfeitos e a mesma percentagem sem satisfação. Em Rayagada, os inquiridos recusaram-se a dar uma resposta sobre a sua avaliação da associação de agricultores, ao passo que, para os restantes intervenientes, foi declarada satisfação (Quadro 42).

*Principais factores/constrangimentos na aplicação das várias tecnologias de feijão-frade.* Um dos principais obstáculos à aplicação das várias tecnologias do feijão bóer foi o ataque de pragas e doenças. Em Nuapada, 17% expressaram a indisponibilidade de insumos agrícolas como fertilizantes, pesticidas, etc. Outra limitação em Kalahandi é a falta de mão de obra para várias operações agrícolas, como a monda e a amontoa. Em Rayagada, o controlo de pragas e doenças é uma das tecnologias que deve ser estudada pelo projeto (Quadro 43).

*Sugestões para sustentar o projeto de feijão-frade.* A fim de tornar o projeto sustentável, os agricultores inquiridos de Kalahandi (73%) sugeriram que fosse prestado apoio em matéria de insumos agrícolas, como fertilizantes, pulverizadores e pesticidas, etc. Nos distritos de Nuapada (50%) e Rayagada (73%), os agricultores inquiridos manifestaram o desejo de realizar acções de formação e visitas de exposição para facilitar a sensibilização. No distrito de Rayagada (33%), a melhoria das instalações de comercialização e das ligações foi mencionada como um constrangimento (Quadro 44).

Tabela 41. Grau de satisfação com o envolvimento dos participantes nas actividades de reforço das capacidades

| Dados (N= 161) | Sim | | | | | | | | Não | |
|---|---|---|---|---|---|---|---|---|---|---|
| | Não. | % | Totalmente satisfeito | | Satisfeito | | Não satisfeito | | Não. | % |
| | | | Não. | % | Não. | % | Não. | % | | |
| Reunião de projeto e workshop | 131 | 81 | 17 | 13 | 114 | 87 | - | - | 30 | 19 |
| Reunião de apresentação do projeto | 113 | 70 | 2 | 2 | 111 | 98 | - | - | 48 | 30 |
| Orientação do projeto e formação | 110 | 68 | 3 | 3 | 104 | 95 | 3 | 3 | 51 | 32 |
| Lançamento do projeto e seminário de formação | 112 | 70 | 1 | 1 | 111 | 99 | - | - | 49 | 30 |
| Seminário de reunião de orientação do projeto | 127 | 79 | 1 | 1 | 126 | 99 | - | - | 34 | 21 |
| Curso de formação especializada para agricultores | 98 | 61 | 5 | 5 | 92 | 94 | 1 | 1 | 63 | 39 |
| Demonstração do dia de campo do agricultor | 102 | 63 | 12 | 12 | 90 | 88 | - | - | 59 | 37 |
| Outros | 45 | 28 | 1 | 2 | 43 | 96 | 1 | 2 | 116 | 72 |

Tabela 42. Grau de satisfação com as funções das partes interessadas no projeto de feijão-frade (%)

| Dados | Grau de satisfação | Kalahandi (n= 44) | Nuapada (n= 102) | Rayagada (n= 15) |
|---|---|---|---|---|
| Associação de agricultores | Totalmente satisfeito | 18 | 11 | - |
| | Satisfeito | 59 | 76 | - |
| | Não satisfeito | - | 13 | - |
| | Sem resposta | 23 | - | 100 |
| Diretor Adjunto da Agricultura (DDA) | Plenamente satisfeito | 2 | 6 | - |
| | Satisfeito | 73 | 47 | 100 |
| | Não satisfeito | 14 | 47 | - |
| | Sem resposta | 11 | - | - |
| ICRISAT | Plenamente satisfeito | 82 | 6 | - |
| | Satisfeito | 7 | 85 | 100 |
| | Não satisfeito | - | 97 | - |
| | Sem resposta | 11 | - | - |
| Outros | Plenamente satisfeito | - | - | - |
| | Satisfeito | 9 | 2 | 80 |
| | Não satisfeito | - | 1 | 20 |
| | Sem resposta | 91 | 97 | - |

Tabela 43. Principais factores/constrangimentos na aplicação das várias tecnologias de feijão-frade

| Dados | Kalahandi (n= 44) | | Nuapada (n= 102) | | Rayagada (n= 15) | |
|---|---|---|---|---|---|---|
| | Não. | % | Não. | % | Não. | % |
| 1. Pragas e doenças | 4 | 9 | 17 | 17 | 14 | 93 |
| 2. Disponibilidade de mão de obra para várias operações (monda e amontoa) | 4 | 9 | - | - | - | - |
| 3. Atraso no fornecimento dos factores de produção | - | - | 7 | 7 | - | - |
| 4. Os factores de produção não são fornecidos (fertilizantes, pesticidas, etc.) | - | - | 17 | 17 | - | - |
| 5. Falta de sensibilização | 1 | 2 | - | - | - | - |
| 6. Tratamento atempado das plantas | - | - | - | - | 1 | 7 |
| 7. Sem resposta | 37 | 84 | - | - | - | - |

Tabela 44. Sugestões para manter as realizações do projeto de feijão-frade

| Particularidades | Kalahandi (n= 44) | | Nuapada (n= 102) | | Rayagada (n= 15) | |
|---|---|---|---|---|---|---|
| | Não. | % | Não. | % | Não. | % |
| 1. Tecnologias adequadas, como a sementeira | - | - | 1 | 1 | - | - |

| | | | | | | |
|---|---|---|---|---|---|---|
| em linha | | | | | | |
| 2. Bom sistema de sementes | 6 | 14 | 8 | 8 | 4 | 27 |
| 3. Apoio a alguns factores de produção agrícola, como fertilizantes, pulverizadores e pesticidas, etc, | 32 | 73 | 18 | 18 | - | - |
| 4. Visitas de formação e de exposição | - | - | 51 | 50 | 11 | 73 |
| 5. Melhores instalações e ligações de comercialização | 2 | 5 | 12 | 12 | 5 | 33 |
| 6. Os agricultores que cultivam algodão podem cultivar este feijão bóer como cultura intercalar para obterem melhores resultados | - | - | 3 | 3 | - | - |
| 7. Instalação de irrigação | - | - | 9 | 9 | - | - |

**4.0 Armazém e moinho de Dal**

*Informações sócio-demográficas.* A faixa etária dos respondentes do godown situa-se entre os 25 e os 44 anos de idade. Para os inquiridos dos moinhos de dal, foi entrevistado um de cada categoria de idade (18-24, 25-44 e 4564). Todos são do sexo masculino, na sua maioria casados e com habilitações superiores a $10^{th}$ para os inquiridos dos armazéns e para os inquiridos dos moinhos de dal entre 6 e $10^{thth}$. Não são membros de nenhuma organização devido a recursos inadequados, nomeadamente dinheiro para poupar.

*Sistemas agrícolas*

    *a. Tamanho da fazenda.* As explorações dos inquiridos são marginais (<1,01 ha) a pequenas (1,01-2,0 ha). A maioria depende da chuva e alguns têm acesso a um poço.

    b. *Fontes de agro-informação.* O pessoal do ICRISAT é a principal fonte de informação agrícola, seguido pelo departamento de agricultura e por outras fontes mediáticas, como os jornais e a televisão.

    *c. Recursos pecuários.* A maioria deles possui gado, especialmente vacas, que são a sua fonte de leite e de força de tração.

*Participação do género.* De acordo com os inquiridos dos armazéns, a participação das mulheres é sobretudo na plantação/sementeira, na limpeza das sementes, na debulha, na monda e na preparação do dal.

Entre os inquiridos dos moinhos de dal, as mulheres participam na mistura de óleo e água, na secagem do dal recém-processado e na embalagem. Algumas das actividades mais comuns das mulheres são as seguintes: Em Kalahandi, as actividades incluem a limpeza do feijão-frade colhido, o acondicionamento do dal através do tratamento com óleo e água, a secagem ao sol, a embalagem e a armazenagem. Os homens deste distrito são responsáveis pelo transporte para o armazém ou para os moinhos de dal e pela comercialização.

Em Rayagada, as actividades envolvem o fabrico de pó nutritivo (chatua), o cultivo de vegetais e a assistência no centro Anganwadi. Os homens, por outro lado, dedicam-se a actividades relacionadas com o marketing e a comunicação.

*Benefícios.* Os inquiridos estão gratos pelo facto de os moinhos de dal e os armazéns fazerem parte do projeto. Estes foram considerados muito úteis, como o moinho de dal para transformar as suas sementes cruas em dal, o que contribuiu para um maior lucro. Manifestaram também o desejo de que esta iniciativa seja alargada no futuro. Os operadores de armazéns manifestaram a importância desta estrutura. No entanto, é necessária a manutenção e a afetação de um vigia.

*Tecnologias adoptadas.* Entre os respondentes dos moinhos de dal, o projeto ensinou-lhes diferentes tecnologias para o processamento de dal. O quadro 45 mostra as tecnologias específicas por eles adoptadas. Em Nuapada, uma informação importante aprendida (que não é uma tecnologia) é a ligação com os bancos para apoio financeiro na compra de sementes de feijão-de-pombo e com os mercados locais.

*Problemas e constrangimentos.* Os inquiridos dos moinhos de dálmatas têm uma série de constrangimentos, como o funcionamento, a comercialização e outras questões, como mostra o Quadro 46. Em Kalahandi, os inquiridos referem o elevado custo do gasóleo para o seu funcionamento e problemas financeiros, para os quais necessitam do apoio do ICRISAT, a indisponibilidade de peças de máquinas e a falta de ligação ao mercado em Rayagada. Entre os inquiridos dos armazéns, a manutenção é necessária e, tal como mencionado anteriormente, é necessário um vigilante regular.

*Avaliação de outros apoios ao projeto.* Enquanto muitos expressaram que a consulta à comunidade foi feita durante o início do projeto e as suas várias componentes, também houve quem dissesse que tal não foi feito. Os vários materiais de IEC, especificamente o folheto sobre as práticas de gestão cultural do feijão bóer e a gestão integrada de doenças e pragas, utilizados pela maioria dos inquiridos, também foram considerados importantes.

*Sugestões para apoiar o projeto.* Entre as sugestões feitas pelos operadores dos armazéns estão: a disponibilização de instalações de comercialização e de um pequeno armazém para guardar as matérias-primas em segurança, e alguns conhecimentos para melhorar as suas capacidades de comercialização.

Para os inquiridos do moinho de dal, o ICRISAT deveria introduzir um maior número de variedades de alto rendimento de curta e longa duração, para que haja mais opções adequadas ao seu ambiente e, especialmente, à localização das suas explorações e aos tipos de solo.

Tabela 45. Tecnologias específicas adoptadas na transformação do Dal

| Distrito | Tecnologias |
|---|---|
| Kalahandi | • Limpeza das sementes de feijão bóer cru<br>• Transformação de Dal<br>• Condicionamento<br>• Retificação<br>• Polimento<br>• Ensacamento, costura e armazenamento |
| Rayagada | • Separador em espiral<br>• Secagem e lubrificação<br>• Transformação de Dal<br>• Retificação<br>• Polimento |
| Nuapada | - Ligação aos bancos para apoio financeiro na compra de sementes de feijão-frade e aos mercados locais |

Tabela 46. Problemas e constrangimentos

| Dados | | Kalahandi (n= 1) | | Nuapada (n= 1) | | Rayagada (n= 1) | |
|---|---|---|---|---|---|---|---|
| | | Não. | % | Não. | % | Não. | % |
| Armazém | 1. Manutenção necessária | 1 | 100 | - | - | | |
| | 2. Necessidade de um vigilante regular | 1 | 100 | - | - | - | - |
| Moinho de dali | 1. Custo elevado do gasóleo para o seu funcionamento | 1 | 100 | - | - | - | - |
| | 2. Indisponibilidade de | - | - | - | - | 1 | 100 |

| peças de máquinas | | | | | | |
|---|---|---|---|---|---|---|
| 2. Ausência de ligação ao mercado | - | - | - | - | 1 | 100 |
| 3. Questão financeira | - | - | 1 | 100 | - | - |
| 4. Sem formação/sensibilização/exposição | - | - | - | - | 1 | 100 |
| 5. Necessidade de apoio do ICRISAT | - | - | 1 | 100 | - | - |

## 5.0 Benefício global do projeto

Duas componentes principais que fornecerão métricas da contribuição do projeto são o reforço das capacidades e o ganho de investimento. As secções anteriores deste relatório mostraram a natureza das actividades de reforço de capacidades disponibilizadas às partes interessadas, que também incluem a disponibilização de materiais de informação, educação e comunicação (IEC), bem como o grau de satisfação dos utilizadores com estas actividades. Um outro aspeto importante é a medida do ganho de investimento do projeto, que dará uma visão rápida do desempenho do projeto.

*Capacitação.* Conforme relatado no documento dos Relatórios Anuais de 2011 e 2012, aproximadamente 6.683 indivíduos foram capacitados em vários tópicos do projeto (Tabela 47). Estes incluem agricultores, pessoal técnico diretamente envolvido no projeto, pessoal do DOA e ONGs parceiras.

Tabela 47. Formação das partes interessadas (2011-2012)

| Ano | Particular | Distrito (N.º) | Participante (N.º) | Mulheres (N.º) | Observações |
|---|---|---|---|---|---|
| 2011 | Reunião de projeto e workshop | | 25 | - | OUAT, DoA, ONG, pessoal do ICRISAT |
| | Reunião de apresentação do projeto | | 60 | 5 | Funcionários e técnicos do DoA e pessoal do ICRISAT |
| | Orientação do projeto e formação | | 50 | 3 | ONG, pessoal do ICRISAT e funcionários e técnicos da DA |
| | Workshop de lançamento de projectos e formação | 3 | 16 | 1 | ONG, pessoal do ICRISAT e funcionários e técnicos da DA |
| | Reunião de orientação do projeto Seminário | 4 | 278 | 10 | Funcionários e técnicos da DA, ONG, agricultores (Kalahandi, Rayagada e Nauparha) |
| | Primeiro curso internacional de formação sobre produção e gestão de sementes de feijão-frade | 3 | 11 | - | Pessoal do ICRISAT, funcionários e técnicos do DA |
| | Programa de formação de agricultores | 3 | 195 | 11 | IPM e IDM |
| | Dia de Campo do Agricultor | 2 | 1,248 | 56 | Agricultores (Kalahandi e Nauparha) |
| | **Subtotal** | | **1,883** | **86** | |
| 2012 | Workshop de orientação e planeamento do projeto | 5 | 65 | 1 | ONG, pessoal do ICRISAT e funcionários e técnicos da DA |
| | Formação para o reforço das capacidades e visita de exposição do pessoal de certificação de sementes e | | 13 | | Funcionários da OSSOPCA e empresa privada de sementes |

| | | | | |
|---|---|---|---|---|
| Empresários semente de Odisha. | | | | |
| Formação em produção e gestão de sementes de feijão-frade | 3 | 90 | 10 | Técnicos de Kalahandi, Rayagada e Nauparha |
| Curso de formação internacional do ICRISAT-ICAR sobre fenotipagem de alto rendimento do grão-de-bico e do feijão-frade | | 3 | | Pessoal do ICRISAT e funcionários do DoA |
| Formação em produção e gestão de sementes híbridas para agricultores produtores de sementes | 2 | 35 | | Técnicos de Kalahandi e Nauparha |
| Formação e exposição no terreno sobre a produção de sementes de feijão-frade | 5 | 19 | 1 | Assistentes de campo, funcionários do DoA e pessoal do ICRISAT |
| Programa de formação especializada para agricultores | 5 | 553 | 4 | Sensibilização para o feijão bóer, a proteção integrada e a gestão cultural |
| Formação em moinho Dal | 3 | 38 | 14 | Rayagada, Nauparha e Kalahandi |
| Reuniões de sensibilização dos agricultores | 5 | 3,663 | 785 | Agricultores beneficiários |
| Dia de campo do agricultor | 2 | 324 | 53 | Agricultores (Kalahandi e Nauparha) |
| Subtotal | | 4,800 | 868 | |
| Total | | 6,683 | 954 (14%) | |

**Ganho de investimento.** O resultado do cálculo do investimento no projeto, especificamente para a IPPT e a SP, mostrou um ganho de investimento robusto calculado em 308% do investimento de 45 milhões do projeto ou cerca de quatro vezes mais (Tabela 48).

Tabela 48. Ganho de investimento do projeto

| Ano | Investimento em projectos (Rs) | Componente do projeto | Área (ha) | | Número de agricultores | Rendimento total (kg) | Preço médio (Rs/kg) | Valor total do produto (Rs) |
|---|---|---|---|---|---|---|---|---|
| | | | Objetivo | Atual | | | | |
| 2011 | 21,000,000 | IPPT | 2,000 | 2,102 | 5,718 | 572,000 | 45 | 25,740,000 |
| | | SP | 1,000 | 1,000 | 1,667 | 318,000 | 70 | 22,260,000 |
| 2012 | 24,000,000 | IPPT | 4,000 | 4,070 | 6,353 (385 F) | 2,102,000 | 45 | 94,590,000 |
| | | SP | 1,262 | 1,300 | 1,437 (67 F) | 590,000 | 70 | 41,300,000 |
| TOTAL | 45,000,000 | | 8,262 | 8,472 | 15,175 (452 F) | 3,582,000 | | 183,890,000 (308%) |

## 6.0 Projeção da área e produção de feijão-frade para o ano 2015 e 2020

O resultado da avaliação do atual projeto de feijão-frade em Odisha, especificamente nos cinco distritos, é muito encorajador. Verifica-se um aumento significativo do rendimento líquido, como demonstrado na estimativa antes e depois, com o rácio mais elevado de 1:4,12 em Rayagada (quadros 10 e 11 do relatório). Mesmo entre os agricultores que não são participantes diretos do projeto, o rácio de AC é significativo, variando entre 1:1,71 e 3,58 (Quadros 20 e 21).

Numa tentativa de determinar o futuro da produção de feijão-frade nos cinco distritos, o Quadro 49 mostra as projecções em termos de área e rendimento para os anos 2015 e 2020. As projecções para Boudh e Rayagada em termos de área e rendimento aumentarão em ambos os anos. Isto não é surpreendente, tendo em conta a paisagem inclinada das zonas e a grande dependência da precipitação. Isto explica a incapacidade dos agricultores para diversificarem com outras culturas, pelo que a melhoria do seu sistema de produção de feijão-frade é a sua melhor opção.

Nos distritos de Bolangir, Kalahandi e Naupada, a área de cultivo de feijão-frade diminuirá. Várias razões podem explicar este cenário. Uma das razões para o declínio projetado da área cultivada pode dever-se à boa precipitação, que permitirá aos agricultores mudar para outras culturas de rendimento. Outra razão pode ser a melhoria do sistema de irrigação, que também pode contribuir para a mudança para outras culturas. No entanto, os conhecimentos adquiridos, como as variedades melhoradas e as práticas de gestão cultural no âmbito do atual projeto de feijão-frade do Governo de Odisha e do ICRISAT, podem explicar a possível estabilidade da produção nestes distritos.

Tabela 49. Superfície e rendimento projectados para o feijão-frade no ano 2015 e 2020

| ÁREA (Milhares de Hectares) | | | | |
|---|---|---|---|---|
| Distrito | 1990 - 2007 Área | CAGR* | Projeção em: | |
| | | | 2015 | 2020 |
| Bolangir | 9.19 | -0.02 | 7.35 | 6.65 |
| Boudh | 4.80 | 0.05 | 6.51 | 8.17 |
| Kalahandi | 13.25 | -0.03 | 11.01 | 9.39 |
| Naupada | 5.87 | -0.04 | 4.40 | 3.66 |
| Rayagada | 20.89 | 0.01 | 23.73 | 25.40 |
| Produção (milhares de toneladas) | | | | |
| Distrito | 1990 - 2007 Prod'n | CAGR* | Projeção em: | |
| | | | 2015 | 2020 |
| Bolangir | 6.78 | -0.01 | 6.43 | 6.03 |
| Boudh | 3.27 | 0.04 | 4.21 | 5.07 |
| Kalahandi | 13.18 | -0.02 | 11.99 | 10.76 |
| Naupada | 4.82 | -0.01 | 3.82 | 3.60 |
| Rayagada | 19.34 | 0.01 | 19.58 | 20.70 |

*Taxa de crescimento anual composta

# CAPÍTULO 4. RESUMO, CONCLUSÃO e RECOMENDAÇÃO

O projeto "Introdução e expansão de uma tecnologia de produção melhorada de feijão-frade (Arhar) nos ecossistemas de sequeiro de Odisha" foi implementado em 2011 por um período de 4 anos, compreendendo que o aproveitamento do potencial dos ecossistemas de sequeiro exige uma abordagem centrada nos agricultores e orientada para a ciência. O projeto foi orientado para os agricultores, implementado pelos agricultores e propriedade dos agricultores, tendo os investigadores e os agentes de extensão desempenhado um papel catalisador e orientador através da disponibilização de opções técnicas aos agricultores e ajudando-os a fazer escolhas adequadas.

## Resumo

Os resultados mostram que o projeto foi bem sucedido na consecução dos seus objectivos iniciais, que consistiam principalmente em avaliar e identificar variedades e híbridos de feijão bóer para posterior introdução e expansão; promover o cultivo de variedades e híbridos de feijão bóer de alto rendimento nos solos marginais; desenvolver sistemas de distribuição de sementes a nível das aldeias para alcançar a autossuficiência em sementes de variedades e híbridos melhorados de feijão bóer preferidos pelos agricultores; reforçar as capacidades dos agricultores, das ONG e dos grupos de autoajuda em componentes tecnológicas sustentáveis da produção de feijão-frade; aumentar a rentabilidade ligando a produção à transformação e comercialização do dal; e fornecer apoio à investigação para o aperfeiçoamento e a investigação do feijão-frade e das componentes da tecnologia de produção melhorada do feijão-frade (IPPT), tal como identificadas pelos investigadores e pelos agricultores na zona-alvo. O relatório detalhado fornece informações aprofundadas sobre as actividades realizadas, os resultados obtidos, bem como as lições aprendidas sob a forma de constrangimentos enfrentados no âmbito da execução do projeto. Toda esta informação ajuda a identificar áreas específicas para melhorar a execução do projeto e os futuros compromissos do ICRISAT ou do Governo de Odisha.

## Conclusão

O projeto foi uma tentativa de estudar a extensão da adoção do pacote de tecnologias pelos agricultores, que inclui: variedades e híbridos resistentes a doenças de alto rendimento. Ao mesmo tempo, identificou as lacunas, os constrangimentos e as lições a tirar para melhorar a execução das intervenções e actividades, incluindo o sistema de distribuição de sementes, o reforço das capacidades, a ligação à produção com a transformação e a comercialização do dal, bem como a identificação e a análise das áreas críticas no que respeita à sustentabilidade a longo prazo dos resultados/impactos do projeto e sugeriu recomendações para manter a sustentabilidade a longo prazo.

Em conformidade com os objectivos supramencionados, foram feitas as seguintes observações com base no estudo realizado durante estes 3 anos do ciclo de vida do projeto. Seguem-se os marcos significativos que estão a ser destacados na importância do projeto e na sua escalabilidade noutras zonas de sequeiro de Odisha.

O estudo foi realizado em áreas com uma grande variedade de mistura sócio-demográfica, com pessoas de todos os grupos etários, género, estado civil e habilitações literárias. Verificou-se um aumento da participação das mulheres (34%) no âmbito das actividades do projeto. As mulheres participantes aprenderam a semear em linha, bem como a melhorar as práticas de armazenamento de sementes, ao mesmo tempo que participaram em várias práticas de gestão cultural. Os inquiridos foram apresentados a uma série de tecnologias que não eram praticadas anteriormente, como a introdução de novas variedades de alto rendimento (duração média), taxa de sementes, aplicação de fertilizantes (100 kg DAP/ha), aplicação de inseticida, monda, consociação e sementeira em linha. Verificou-se que os inquiridos foram beneficiados com a introdução destas tecnologias e obteve-se um resultado positivo na sua resposta. Observou-se um aumento distinto/percetível na produtividade de pelo menos 70% e no rendimento líquido de pelo menos 170-190% (média IPPT, 11945 - 27518 Rs/ha; FPVST, 4578 - 6880 Rs/ha; SP, 3840 - 317395 Rs/ha) dos inquiridos após a adoção das tecnologias supramencionadas nas práticas de gestão do feijão-frade.

Para tornar o projeto mais forte e obter melhores resultados no futuro, foi também pedido aos inquiridos que dessem a sua opinião sobre os principais factores/constrangimentos na aplicação das várias tecnologias do feijão-frade. Os inquiridos participaram ativamente nesta atividade e indicaram os factores/constrangimentos que enfrentaram. Alguns deles são: pragas e doenças, falta de factores de produção, falta de mão de obra, ausência de ligação ao mercado, falta de informação, etc. Um grande número de actividades de reforço das capacidades, como reuniões, workshops, orientação e formação, cursos de formação especializada para agricultores e demonstrações em campo, foram realizadas no âmbito das actividades do projeto, mas devido a alguns constrangimentos, como a ausência de actividades em algumas zonas, os agricultores não tinham conhecimento das actividades e não tinham tempo para participar nessas actividades. Materiais de informação, educação e comunicação (IEC) sob a forma de folhetos, cartazes, cobertura nas estações de rádio e televisão locais foram disponibilizados aos agricultores e, de acordo com o inquérito, revelaram-se muito úteis para eles.

A fim de tornar o projeto sustentável, foi pedido aos inquiridos que dessem sugestões sobre as melhorias que deveriam ser feitas para manter a sustentabilidade do projeto a longo prazo. A participação dos inquiridos foi positiva e as respostas recebidas foram a necessidade de apoio para alguns insumos agrícolas como fertilizantes, pulverizadores e pesticidas, etc., tecnologias adequadas como a sementeira em linha, mais formação e visitas de exposição, reuniões regulares para actualizações e feedback, melhores instalações de comercialização e ligações, bom sistema de sementes, etc.

De um modo geral, os resultados obtidos até à data são muito positivos e as sugestões estão a ser analisadas e serão aplicadas em conformidade. Os resultados positivos do projeto evidenciam a necessidade de um apoio contínuo e acrescido ao projeto, não só devido aos ganhos actuais em termos de investimento, mas também devido ao aumento da produção previsto, especialmente em Rayagada e Boudh, para o próximo ano e mesmo para 2020.

*Recomendação*

Institucionalizar o sistema de produção de sementes. A qualidade inferior das sementes é considerada uma preocupação prioritária. Sendo as sementes um fator crítico para garantir a produtividade das culturas, é imperativo estabelecer um sistema de sementes para o projeto do feijão bóer em Odisha. Este sistema foi criado na sequência de um constrangimento anterior relacionado com a má qualidade das sementes durante o primeiro ano de execução do projeto. A indisponibilidade de recursos para fertilizantes e pesticidas constituiu outro obstáculo à aplicação das tecnologias do feijão-frade no sistema agrícola dos cinco distritos. A natureza do feijão-de-gato, altamente sensível à polinização cruzada, que por sua vez afecta a qualidade das sementes, exige um sistema para evitar o cruzamento. O sistema de sementes de feijão bóer (Figura 9) modelado pelo ICRISAT foi vital para o sucesso do projeto (Mula e Saxena 2012). O conceito de 'uma aldeia - uma variedade' foi iniciado no projeto, onde as aldeias foram selecionadas e fornecidas com uma variedade adequada ao seu tipo de solo. O ICRISAT forneceu as sementes de reprodução ao KVK, aos produtores progressivos de sementes agrícolas e às ONG parceiras para multiplicar as sementes de base. As sementes de base foram distribuídas aos produtores de sementes selecionados para a multiplicação de várias sementes certificadas. Todo o processo de produção de sementes esteve sob o olhar atento da Agência Estatal de Certificação de Sementes e Produtos Biológicos de Odisha (OSSOPCA) para controlo e certificação. Um fator muito importante no modelo do sistema de sementes é uma distância de isolamento de 300 metros entre as variedades (Saxena, 2006), que foi rigorosamente inculcada entre os agricultores produtores de sementes.

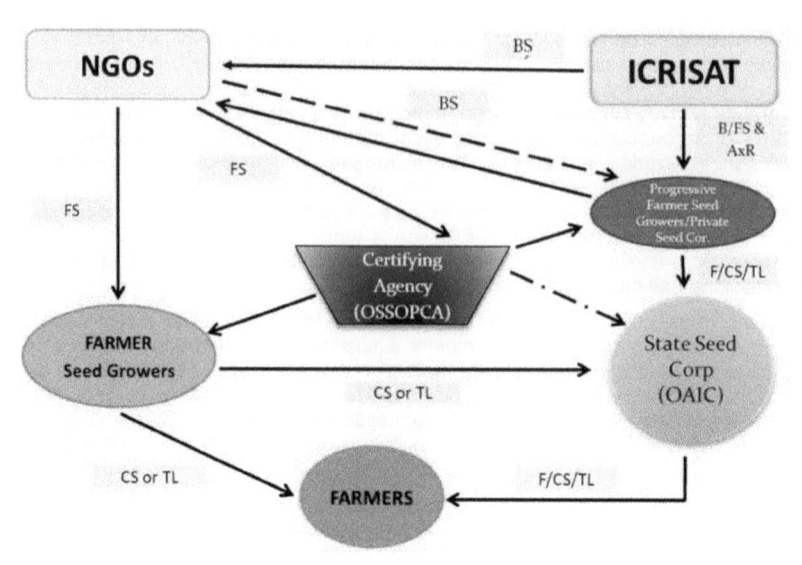

Figura 9. Modelo do sistema de sementes do projeto Odisha

# REFERÊNCIAS

Bandeira, O. & Rasul, I. (2006). Social networks and technology adoption in northern Ethiopia. *Jornal Económico* **116**, 869-210.

Conley, T. & Udrey, C. (2000). Social learning through networks: The adoption of new agricultural technologies in Ghana. *American Journal of Agricultural Economics* **83** (3), 668-673.

Deepak Mohanty, S.C.Patnaik, P.Jeevan Das, N.K.Parida e M.Nedunchezhiyan (2010). Integrated Farming System for Sustainable Livelihood: A Success Story of a Tribal Farmer (Uma história de sucesso de um agricultor tribal).

Foster, A.D. & Rozenweig, M.R. (1995). Learning by doing and learning from others: Human capital and technical change in agriculture. *Journal of Political Economy* **103** (6), 117-1209.

Frakenberger T R e Goldstein D M. (1990). Segurança alimentar, estratégias de sobrevivência e degradação ambiental. *(in) Arid Lands Newsletter* editado por Emily E Whitehead. vol. 30 Office of Arid LandsStudies, Universidade do Arizona, pp.21-27.

http://desorissaa.nic.in/Agcensus.html; Direção de Economia e Estatística, Odisha.

http://www.ceja.eu/en/media-centre; 14 de fevereiro de 2014.

Mula M G. (2012). Sistema de distribuição de sementes: A chave para uma agricultura sustentável para os pequenos agricultores. Visão Estratégica da Agricultura Verde12. (6).

Mula M G e Saxena K B. (2012). Introdução e expansão de uma tecnologia de produção melhorada de feijão-frade (Arhar) em ecossistemas de terras altas de Odisha alimentados pela chuva. Relatório de Realização de 2011 (junho de 2011 - maio de 2012). Instituto Internacional de Investigação das Culturas para os Trópicos Semi-Áridos (ICRISAT).

Mula M G e Saxena K B. (2013). Introdução e expansão da tecnologia de produção melhorada de feijão-frade (Arhar) em ecossistemas de terras altas de Odisha alimentados pela chuva. Relatório de Realização de 2012 (junho de 2012 - maio de 2013). Instituto Internacional de Investigação das Culturas para os Trópicos Semi-Áridos (ICRISAT).

Mula MG, Saxena KB e Kumar RV. Odisha e ICRISAT Flyer on "Partnership for Technological Empowerment and Sustainable Livelihood for Smallholder Farmers in the Rainfed Upland Ecosystems of Odisha" (Parceria para a capacitação tecnológica e meios de subsistência sustentáveis para os pequenos agricultores nos ecossistemas de sequeiro de Odisha).

Saxena K B. (2006). Seed Production Systems in Pigeonpea. Patancheru, Andhra Pradesh, Índia. ICRISAT. pp.76.

# ANEXO

Anexo 1. Participação do género (IPPT)

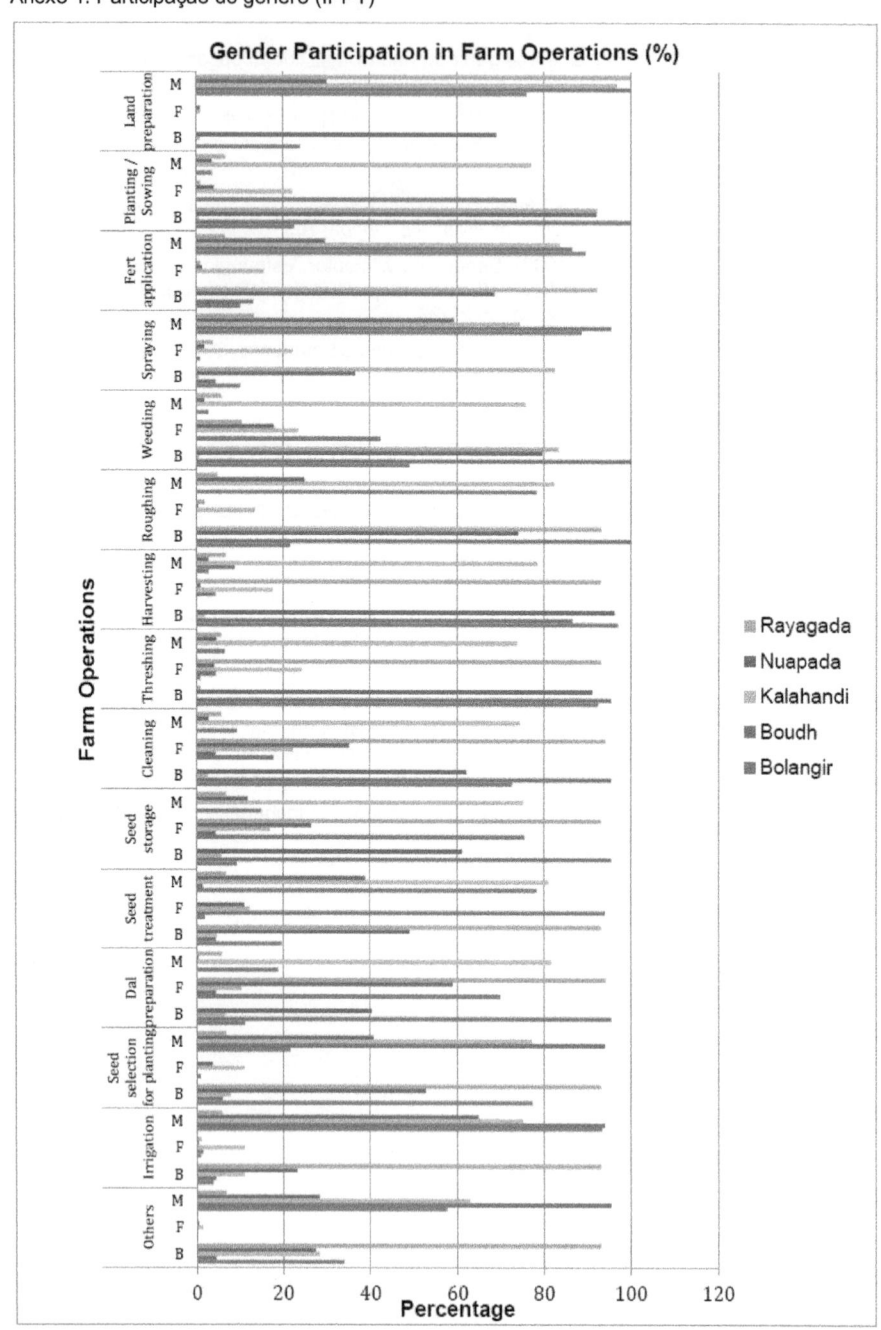

Anexo 2. Contribuição do Projeto para a Participação das Mulheres (IPPT)

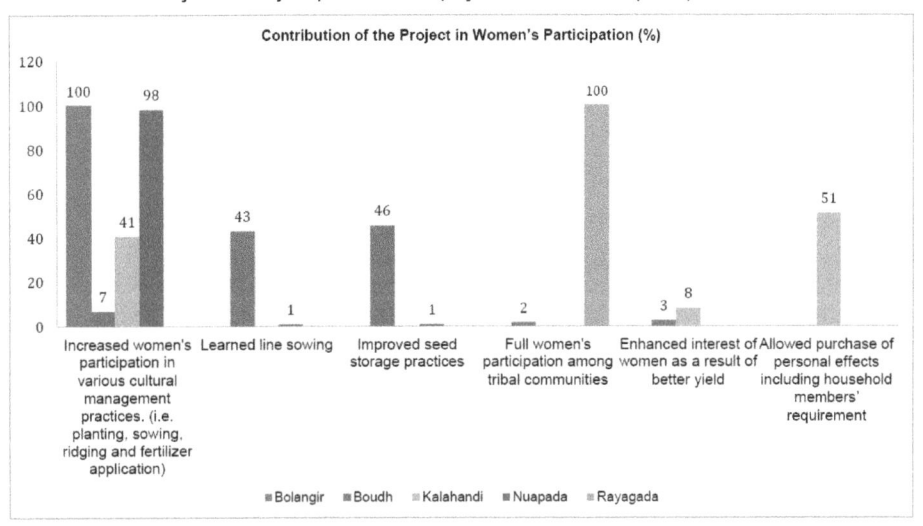

**Contribution of the Project in Women's Participation (%)**

| Category | Bolangir | Boudh | Kalahandi | Nuapada | Rayagada |
|---|---|---|---|---|---|
| Increased women's participation in various cultural management practices. (i.e. planting, sowing, ridging and fertilizer application) | 100 | 7 | | | 41 |
| Learned line sowing | 43 | 1 | | | |
| Improved seed storage practices | 46 | 1 | | | |
| Full women's participation among tribal communities | 100 | 2 | | | |
| Enhanced interest of women as a result of better yield | 3 | 8 | | | |
| Allowed purchase of personal effects including household members' requirement | 51 | | | | |

Anexo 3. Suficiência da participação comunitária durante o início do projeto (IPPT)

| Dados | Bolangir (n= 106) | | Boudh (n= 67) | | Kalahandi (n= 153) | | Nuapada (n= 216) | | Rayagada (n= 103) | |
|---|---|---|---|---|---|---|---|---|---|---|
| | Não. | % | Não. | % | Não. | % | Não. | % | Não. | % |
| **Consulta suficiente da comunidade** | | | | | | | | | | |
| Sim | 71 | 67 | 50 | 75 | 17 | 11 | 69 | 32 | 99 | 96 |
| Parcial | 3 | 3 | 2 | 3 | 113 | 74 | 106 | 49 | - | - |
| De modo algum | - | - | - | - | 5 | 3 | 20 | 9 | 3 | 3 |
| Sem resposta | 32 | 30 | 15 | 22 | 18 | 12 | 21 | 10 | 1 | 1 |
| **1. Seleção dos sítios** | | | | | | | | | | |
| Sim | 106 | 100 | 67 | 100 | 152 | 99 | 205 | 95 | 102 | 99 |
| Não | - | - | - | - | 1 | 1 | 11 | 5 | - | - |
| Sem resposta | - | - | - | - | - | - | - | - | 1 | 1 |
| **2. Seleção dos agricultores** | | | | | | | | | | |
| Sim | 106 | 100 | 67 | 100 | 148 | 97 | 203 | 94 | 102 | 99 |
| Não | - | - | - | - | 4 | 3 | 11 | 5 | - | - |
| Sem resposta | - | - | - | - | 1 | 1 | 2 | 1 | 1 | 1 |
| **i. Seleção das variedades de sementes** | | | | | | | | | | |
| Sim | 63 | 59 | 67 | 100 | 152 | 99 | 197 | 91 | 103 | 100 |
| Não | 43 | 41 | - | - | 1 | 1 | 15 | 7 | - | - |
| Sem resposta | - | - | - | - | - | - | 4 | 2 | - | - |
| **ii. Seleção de sementes Híbridos** | | | | | | | | | | |
| Sim | - | - | - | - | - | - | 16 | 7 | 4 | 4 |

| | | | | | | | | | |
|---|---|---|---|---|---|---|---|---|---|
| Não | 32 | 30 | - | - | 151 | 99 | 39 | 18 | - | - |
| Sem resposta | 74 | 70 | 67 | 100 | 2 | 1 | 161 | 75 | 99 | 96 |
| **3. Condução de uma linha de base de** distritos-alvo | | | | | | | | | | |
| Sim | 105 | 99 | 15 | 22 | 21 | 14 | 66 | 31 | 90 | 87 |
| Não | 1 | 1 | - | - | 132 | 86 | 139 | 64 | - | - |
| Sem resposta | - | - | 52 | 78 | - | - | 11 | 5 | 13 | 13 |
| **4. Demonstrações com instrumentos/materiais disponíveis localmente** | | | | | | | | | | |
| Sim | 56 | 53 | 15 | 22 | 121 | 79 | 186 | 86 | 89 | 86 |
| Não | 50 | 47 | - | - | 29 | 19 | 25 | 12 | - | - |
| Sem resposta | - | - | 52 | 78 | 3 | 2 | 5 | 2 | 14 | 14 |
| **5. Realização de experiências** | | | | | | | | | | |
| Sim | 13 | 12 | 2 | 3 | 2 | 1 | 143 | 66 | 4 | 4 |
| Não | 93 | 88 | 2 | 3 | 150 | 98 | 33 | 15 | - | - |
| Sem resposta | - | - | 63 | 94 | 1 | 1 | 40 | 19 | 99 | 96 |
| **6. Realização de acções de formação dos agricultores** | | | | | | | | | | |
| Sim | 75 | 71 | - | - | 121 | 79 | 187 | 87 | 100 | 97 |
| Não | 31 | 29 | 3 | 4 | 30 | 20 | 17 | 8 | - | - |
| Sem resposta | - | - | 64 | 96 | 2 | 1 | 12 | 6 | 3 | 3 |
| **7. Realização de cursos especializados** | | | | | | | | | | |
| Sim | 13 | 12 | - | - | 71 | 46 | 96 | 44 | 16 | 16 |
| Não | 93 | 88 | 3 | 4 | 71 | 46 | 99 | 46 | - | - |
| Sem resposta | - | - | 64 | 96 | 11 | 7 | 21 | 10 | 87 | 84 |
| **8. Realização de acções de formação dos GAA** | | | | | | | | | | |
| Sim | 6 | 6 | - | - | 49 | 32 | 82 | 38 | 4 | 4 |
| Não | 99 | 93 | - | - | 95 | 62 | 89 | 41 | - | - |
| Sem resposta | 1 | 1 | 67 | 100 | 9 | 6 | 45 | 21 | 99 | 96 |
| **9. Preparação de materiais de informação, educação e comunicação (IEC)** | | | | | | | | | | |
| Sim | 98 | 92 | 8 | 12 | 47 | 31 | 185 | 86 | 17 | 17 |
| Não | 8 | 8 | 4 | 6 | 93 | 61 | 19 | 9 | - | - |
| Sem resposta | - | - | 55 | 82 | 13 | 8 | 12 | 6 | 86 | 83 |
| **10. Aquisição de necessidades** | | | | | | | | | | |
| Sim | 19 | 18 | 5 | 7 | 2 | 1 | 98 | 45 | 15 | 15 |
| Não | 87 | 82 | - | - | 133 | 87 | 90 | 42 | 1 | 1 |
| Sem resposta | - | - | 62 | 93 | 18 | 12 | 28 | 13 | 87 | 84 |
| **11. Construção de infra-estruturas (go down, armazenamento de sementes, etc.)** | | | | | | | | | | |
| Sim | 16 | 15 | 1 | 1 | - | - | 161 | 75 | 4 | 4 |

| | | | | | | | | | |
|---|---|---|---|---|---|---|---|---|---|
| Não | 88 | 83 | 5 | 7 | 143 | 93 | 40 | 19 | - | - |
| Sem resposta | 2 | 2 | 61 | 91 | 10 | 7 | 15 | 7 | 99 | 96 |
| 12. Outros (Auto-armazenamento o sementes, etc.) | | | | | | | | | | |
| Sim | - | - | - | - | - | - | 43 | 20 | 4 | 4 |
| Não | 106 | 100 | 67 | 100 | 153 | 100 | 173 | 80 | 99 | 96 |

Anexo 4. Materiais de informação, educação e comunicação (IEC) utilizados pelos inquiridos (IPPT)

| Localização | Dados | % | Observações |
|---|---|---|---|
| Bolangir (n=106) | Brochura sobre as práticas de gestão cultural do feijão bóer | 100 | • Aprenderam sobre a cultura do feijão bóer e a sementeira em linha (48%)<br>• Boa iniciativa do projeto, especialmente com a tradução em Oriya (52%) |
| | Brochura sobre a gestão integrada das doenças e das pragas | 100 | • Obtenção de informações sobre a aplicação de pesticidas (51%)<br>• Bom para as tecnologias seguintes (49%) |
| | Cobertura das estações de rádio locais | 6 | - Forneceram boas informações sobre a agricultura (6%) |
| | Cobertura das estações de televisão locais | 66 | • Prestação de informações no sector agrícola (4%)<br>• Aumento da consciencialização das pessoas (62%) |
| | Cartazes | 97 | • Beneficiaram da cultura do feijão-frade especificamente na sementeira em linha (28%)<br>• Prestação de informações no sector agrícola (3%)<br>• Aumentar a consciencialização das pessoas (66%) |
| Boudh (n=67) | Brochura sobre as práticas de gestão cultural do feijão bóer | 98 | • Adquiriu mais conhecimentos sobre métodos melhorados de cultivo e práticas de sementeira em linha (15%)<br>• Forneceram informações sobre a sementeira em linha na cultura do feijão-frade e outras tecnologias conexas (79%)<br>• Boa iniciativa do projeto, especialmente os materiais traduzidos em Oriya (4%) |
| | Brochura sobre a gestão integrada das doenças e das pragas | 98 | • Adquiriu mais conhecimentos sobre métodos eficazes de medidas de controlo de insectos/pragas no feijão-frade (52%)<br>• Sugeriu-se que os materiais fossem fornecidos na língua local, pois assim seria mais fácil compreender a informação (46%) |
| | Cartazes | 72 | - Uma boa ideia é fornecer informações aos agricultores, especialmente àqueles que não sabem ler (72%) |
| | Outros | 73 | - Nas zonas rurais, as pessoas são analfabetas, pelo que os materiais ilustrados são importantes.<br>Os meios electrónicos também não são adequados. As reuniões de aldeia e outras formas presenciais são |

| | | | |
|---|---|---|---|
| | | | importantes (73%) |
| Kalahandi (n=153) | Brochura sobre as práticas de gestão cultural do feijão bóer | 94 | - Forneceram mais conhecimentos sobre várias tecnologias (94%) |
| | Brochura sobre a gestão integrada das doenças e das pragas | 12 | - Ajudou a controlar eficazmente as pragas/insectos (12%) |
| | Impressão local | 62 | - Ler sobre a produção de sementes *de arhar* no jornal local (62%) |
| | Cobertura das estações de televisão locais | 86 | • Ler sobre a produção avançada de sementes *de arhar* no jornal local (2%)<br>• Viu um tópico sobre tecnologia de produção melhorada de *arhar* (21%)<br>• Obteve informações visuais sobre a cultura (63%) |
| Nuapada (n=216) | Brochura sobre as práticas de gestão cultural do feijão bóer | 65 | • Forneceram informações sobre a sementeira em linha (8%)<br>• Adquiriu mais conhecimentos sobre métodos melhorados de cultivo e práticas de sementeira em linha para ter mais sucesso (32%)<br>• Conhecia o cultivo *do arhar*, o controlo das doenças e das pragas (3%)<br>• Aprenderam sobre a utilização de pesticidas e a aplicação de fertilizantes fornecidos pelo ICRISAT e SVA (22%) |
| | Brochura sobre a gestão integrada das doenças e das pragas | 51 | • O folheto é informativo (13%)<br>• Adquiriu conhecimentos profundos sobre a gestão eficaz de insectos/pragas (33%)<br>• Aprenderam sobre as doenças na cultura do feijão bóer e sobre a técnica de cultivo da sementeira em linha (1%)<br>• Cópias recebidas do ICRISAT e do SVA (2%)<br>• Conhecia o cultivo *do arhar*, o controlo das doenças e das pragas (2%) |
| | Cobertura das estações de rádio locais | 4 | • Boa informação sobre a agricultura (3%)<br>• Semeadura em linha (1%) |
| | Cobertura das estações de televisão locais | 22 | • Não fornecido (19%)<br>• Forneceu informações importantes sobre o sistema de produção do feijão-frade (3%) |
| | Cartazes | 46 | • Cartaz "Hardara Chasara Lava Aneka" (1%)<br>• Aprenderam sobre a utilização de pesticidas (30%)<br>• Aprenderam a semear em linha e a utilizar fertilizantes através de cartazes do ICRISAT e do SVA (13%)<br>• Fornecido pelo ICRISAT e SVA (2%) |
| Rayagada | Brochura sobre as | 98 | • Forneceram informações sobre a sementeira em |

| | | | |
|---|---|---|---|
| (n=103) | práticas de gestão cultural do feijão bóer | | linha na cultura do feijão-frade (96%)<br>• Aprenderam sobre a utilização de pesticidas e a aplicação de fertilizantes (2%) |
| | Brochura sobre a gestão integrada das doenças e das pragas | 98 | - Adquiriu conhecimentos profundos sobre a gestão eficaz de insectos/pragas (98%) |
| | Imprensa escrita e eletrónica local | 100 | - Impacto visível de vários métodos, ou seja, sementeira em linha, gestão de pragas, tratamento de sementes (100%) |
| | Cobertura das estações de televisão locais | 3 | - Obteve informações visuais sobre a cultura (3%) |
| | Outros | 82 | - Rayagada é um distrito atrasado do estado de Odisha. Apenas 25 % das pessoas têm formação académica. Na zona rural, as pessoas sugerem que é importante realizar reuniões nas aldeias para sensibilizar a população (82%) |

Anexo 5. Suficiência da participação comunitária no início do projeto (FPVST)

| Dados | Bolangir (n=1) | | Kalahandi (n= 4) | | Nuapada (n= 5) | | Rayagada (n=2) | |
|---|---|---|---|---|---|---|---|---|
| | Não. | % | Não. | % | Não. | % | Não. | % |
| **Consulta suficiente da comunidade** | | | | | | | | |
| Sim | 1 | 100 | - | - | 4 | 80 | 2 | 100 |
| Parcial | - | - | 2 | 50 | 1 | 20 | - | - |
| De modo algum | - | - | 1 | 25 | - | - | - | - |
| Sem resposta | - | - | 1 | 25 | - | - | - | - |
| **1. Seleção dos sítios** | | | | | | | | |
| Sim | 1 | 100 | 4 | 100 | 5 | 100 | 2 | 100 |
| **2. Seleção dos agricultores** | | | | | | | | |
| Sim | 1 | 100 | 4 | 100 | 5 | 100 | 2 | 100 |
| ***i. Seleção de sementes Variedades*** | | | | | | | | |
| Sim | 1 | 100 | 4 | 100 | 5 | 100 | 2 | 100 |
| ***ii. Seleção de sementes Híbridos*** | | | | | | | | |
| Sim | - | - | 2 | 50 | 3 | 60 | 2 | 100 |
| Não | - | - | 2 | 50 | 2 | 40 | - | - |
| Sem resposta | 1 | 100 | - | - | - | - | - | - |
| **3. Condução da linha de base dos distritos-alvo** | | | | | | | | |
| Sim | 1 | 100 | 2 | 50 | 4 | 80 | - | - |
| Não | - | - | 2 | 50 | 1 | 20 | - | - |
| Sem resposta | - | - | - | - | - | - | 2 | 100 |
| **4. Demonstrações com instrumentos/materiais disponíveis localmente** | | | | | | | | |
| Sim | 1 | 100 | 1 | 25 | 5 | 100 | - | - |

| | | | | | | | | |
|---|---|---|---|---|---|---|---|---|
| Não | - | - | 3 | 75 | - | - | - | - |
| Sem resposta | - | - | - | - | - | - | 2 | 100 |
| **5. Realização de experiências** | | | | | | | | |
| Sim | - | - | - | - | 4 | 80 | - | - |
| Não | 1 | 100 | 4 | 100 | 1 | 20 | - | - |
| Sem resposta | - | - | - | - | - | - | 2 | 100 |
| **6. Realização de acções de formação dos agricultores** | | | | | | | | |
| Sim | 1 | 100 | 4 | 100 | 5 | 100 | 1 | 50 |
| Não | - | - | - | - | - | - | - | - |
| Sem resposta | - | - | - | - | - | - | 1 | 50 |
| **7. Realização de cursos especializados** | | | | | | | | |
| Sim | - | - | - | - | 1 | 20 | 1 | 50 |
| Não | 1 | 100 | 4 | 100 | 4 | 80 | - | - |
| Sem resposta | - | - | - | - | - | - | 1 | 50 |
| **8. Realização de acções de formação dos GAA** | | | | | | | | |
| Sim | - | - | - | - | - | - | - | - |
| Não | 1 | 100 | 4 | 100 | 5 | 100 | - | - |
| Sem resposta | - | - | - | - | - | - | 2 | 100 |
| **9. Preparação de materiais de informação, educação e comunicação (IEC)** | | | | | | | | |
| Sim | 1 | 100 | 4 | 100 | 5 | 100 | - | - |
| Não | - | - | - | - | - | - | - | - |
| Sem resposta | - | - | - | - | - | - | 2 | 100 |
| **10. Aquisição de necessidades** | | | | | | | | |
| Sim | 1 | 100 | 2 | 50 | 3 | 60 | - | - |
| Não | - | - | 2 | 50 | 2 | 40 | - | - |
| Sem resposta | - | - | - | - | - | - | 2 | 100 |
| **11. Construção de infra-estruturas (go down, armazenamento de sementes, etc.)** | | | | | | | | |
| Sim | 1 | 100 | 1 | 25 | 3 | 60 | - | - |
| Não | - | - | 3 | 75 | 2 | 40 | - | - |
| Sem resposta | - | - | - | - | - | - | 2 | 100 |
| **12. Outros (auto-armazenagem de sementes, etc.)** | | | | | | | | |
| Sim | - | - | - | - | - | - | - | - |
| Não | 1 | 100 | 4 | 100 | 5 | 100 | - | - |
| Sem resposta | - | - | - | - | - | - | 2 | 100 |

Anexo 6. Materiais de informação, educação e comunicação (IEC) utilizados pelos inquiridos (FPVST)

| Localização | Particularidades | % | Observações |
|---|---|---|---|
| Bolangir (n=1) | Brochura sobre as práticas de gestão cultural do feijão bóer | 100 | - Ajudou o agricultor nas práticas corretas de cultivo do feijão bóer (100%) |
| | Brochura sobre a gestão integrada das doenças e das pragas | 100 | - Ajudou a controlar eficazmente as pragas do feijão-frade (100%) |
| | Cobertura das estações de televisão locais | 100 | - Aprenderam programas importantes sobre a cultura do feijão-frade (100%) |
| | Cartazes | 100 | - Ler o cartaz (Harada Chashare Labha Aneka) e obter informações sobre o feijão bóer (100%) |
| Kalahandi (n=4) | Brochura sobre as práticas de gestão cultural do feijão bóer | 75 | - Muito útil (75%) |
| | Brochura sobre a gestão integrada das doenças e das pragas | 100 | • Muito útil (25%)<br>• Sem resposta (75%) |
| Nuapada (n=5) | Brochura sobre as práticas de gestão cultural do feijão bóer | 100 | • Ajudou os agricultores a adotar práticas de cultivo corretas do feijão-frade (20%)<br>• Obteve informações sobre a sementeira de linhas, a colheita, etc. (60%)<br>• Ajudou nas práticas de cultivo corretas do feijão bóer (20%) |
| | Brochura sobre a gestão integrada das doenças e das pragas | 100 | - Ajudou a controlar eficazmente as pragas do feijão-frade (100%) |
| | Cartazes | 100 | - Os agricultores conhecem a cultura do feijão-frade através de cartazes (100%) |
| Rayagada (n=2) | Brochura sobre as práticas de gestão cultural do feijão bóer | 100 | - Ajudou nas práticas de cultivo corretas do feijão bóer (100%) |
| | Brochura sobre a gestão integrada das doenças e das pragas | 100 | - Ajudou a controlar eficazmente as pragas do feijão-frade (100%) |

Anexo 7. Suficiência da participação comunitária durante o início do projeto (PE)

| Particularidades | Kalahandi (n= 44) | | Nuapada (n= 102) | | Rayagada (n= 15) | |
|---|---|---|---|---|---|---|
| | Não. | % | Não. | % | Não. | % |
| **Consulta suficiente da comunidade** | | | | | | |
| Sim | 1 | 2 | 48 | 47 | 15 | 100 |
| Parcial | 32 | 73 | 52 | 51 | - | - |
| De modo algum | 2 | 5 | 1 | 1 | - | - |
| Sem resposta | 9 | 20 | 1 | 1 | - | - |
| **1. Seleção dos sítios** | | | | | | |
| Sim | 44 | 100 | 102 | 100 | 15 | 100 |
| **2. Seleção dos agricultores** | | | | | | |

| | | | | | | |
|---|---|---|---|---|---|---|
| Sim | 44 | 100 | 102 | 100 | 15 | 100 |
| **i. Seleção de sementes Variedades** | | | | | | |
| Sim | 43 | 98 | 98 | 96 | 14 | 93 |
| Não | - | - | 4 | 4 | - | - |
| Sem resposta | 1 | 2 | - | - | 1 | 7 |
| **ii. Seleção de sementes Híbridos** | | | | | | |
| Sim | 1 | 2 | 5 | 5 | - | - |
| Não | 43 | 98 | 94 | 92 | 1 | 7 |
| Sem resposta | - | - | 3 | 3 | 14 | 93 |
| **3. Condução da linha de base dos distritos-alvo** | | | | | | |
| Sim | 3 | 7 | 65 | 64 | - | - |
| Não | 41 | 93 | 37 | 36 | - | - |
| Sem resposta | - | - | - | - | 15 | 100 |
| **4. Demonstrações com instrumentos/materiais disponíveis localmente** | | | | | | |
| Sim | 36 | 82 | 102 | 100 | - | - |
| Não | 8 | 18 | - | - | - | - |
| Sem resposta | - | - | - | - | 15 | 100 |
| **5. Realização de experiências** | | | | | | |
| Sim | 1 | 2 | 57 | 56 | - | - |
| Não | 43 | 98 | 44 | 43 | - | - |
| Sem resposta | - | - | 1 | 1 | 15 | 100 |
| **6. Realização de acções de formação dos agricultores** | | | | | | |
| Sim | 32 | 73 | 101 | 99 | 15 | 100 |
| Não | 12 | 27 | 1 | 1 | - | - |
| **7. Realização de cursos especializados** | | | | | | |
| Sim | 28 | 64 | 66 | 65 | 15 | 100 |
| Não | 16 | 36 | 36 | 35 | - | - |
| **8. Realização de acções de formação dos GAA** | | | | | | |
| Sim | 10 | 23 | 48 | 47 | - | - |
| Não | 34 | 77 | 52 | 51 | - | - |
| Sem resposta | - | - | 2 | 2 | 15 | 100 |
| **9. Preparação de materiais de informação, educação e comunicação (IEC)** | | | | | | |
| Sim | 9 | 20 | 92 | 90 | - | - |
| Não | 34 | 77 | 10 | 10 | - | - |
| Sem resposta | 1 | 2 | - | - | 15 | 100 |
| **10. Aquisição de necessidades** | | | | | | |
| Sim | 12 | 27 | 63 | 62 | - | - |
| Não | 30 | 68 | 39 | 38 | - | - |

| | | | | | |
|---|---|---|---|---|---|
| Sem resposta | 2 | 5 | - | - | 15 | 100 |

**11. Construção de infra-estruturas (go down, armazenamento de sementes, etc.)**

| | | | | | |
|---|---|---|---|---|---|
| Sim | - | - | 85 | 83 | - | - |
| Não | 43 | 98 | 17 | 17 | - | - |
| Sem resposta | 1 | 2 | - | - | 15 | 100 |

**12. Outros (auto-armazenamento de sementes, etc.)**

| | | | | | |
|---|---|---|---|---|---|
| Sim | - | - | 8 | 8 | - | - |
| Não | 43 | 98 | 94 | 92 | - | - |
| Sem resposta | 1 | 2 | - | - | 15 | 100 |

Anexo 8. Materiais de informação, educação e comunicação (IEC) utilizados pelos inquiridos (SP)

| Localização | Dados | % | Observações |
|---|---|---|---|
| Kalahandi (n= 44) | Brochura sobre as práticas de gestão cultural do feijão bóer | 98 | - Informações muito úteis (98%) |
| | Brochura sobre a gestão integrada das doenças e das pragas | 13 | - Seguiu as orientações para evitar o ataque de insectos (13%) |
| | Imprensa escrita e eletrónica local | 86 | - Ler sobre a produção melhorada de sementes de arhar no jornal local (86%) |
| | Cobertura das estações de rádio locais | 5 | - Ouviram um programa de rádio agrícola algumas vezes (5%) |
| | Cobertura das estações de televisão locais | 86 | - Visto que a tecnologia de produção de arhar foi melhorada (86%) |
| Nuapada (n= 102) | Brochura sobre as práticas de gestão cultural do feijão bóer | 100 | - Recebeu informações sobre a utilização de pesticidas e fertilizantes e a sementeira em linha na cultura do feijão-frade (100%) |
| | Brochura sobre a gestão integrada das doenças e das pragas | 94 | • Aprenderam mais sobre a gestão de insectos e pragas (85%)<br>• Ajudou a controlar eficazmente as pragas e a disposição do feijão-frade (9%) |
| | Imprensa escrita e eletrónica local | 8 | - As tecnologias lidas funcionaram eficazmente (8%) |
| | Cobertura das estações de rádio locais | 7 | - Ouviu na rádio um anúncio sobre a cultura do feijão bóer (7%) |
| | Cobertura das estações de televisão locais | 4 | - Assistiu a um programa sobre o feijão bóer (4%) |
| | Cartazes | 98 | • "Harada Chasara Lava Aneka" (6%)<br>• Obteve mais informações sobre o processo e as tecnologias de cultivo do feijão-frade (92%) |
| Rayagada (n= 15) | Brochura sobre as práticas de gestão cultural do feijão bóer | 100 | - Adquiriu conhecimentos profundos sobre métodos melhorados de práticas de cultivo de feijão-frade para obter maior rendimento (100%) |

| | | |
|---|---|---|
| Brochura sobre a gestão integrada das doenças e das pragas | 100 | - Adquiriu conhecimentos profundos sobre métodos eficazes de controlo de pragas no feijão-frade, em comparação com o que se fazia antes (100%) |
| Imprensa escrita e eletrónica local | 10 | - Obtenção de conhecimentos sobre novas metodologias de produção de feijão-frade (10%) |

# More Books!

## I want morebooks!

Buy your books fast and straightforward online - at one of world's fastest growing online book stores! Environmentally sound due to Print-on-Demand technologies.

Buy your books online at
**www.morebooks.shop**

Compre os seus livros mais rápido e diretamente na internet, em uma das livrarias on-line com o maior crescimento no mundo! Produção que protege o meio ambiente através das tecnologias de impressão sob demanda.

Compre os seus livros on-line em
**www.morebooks.shop**

info@omniscriptum.com
www.omniscriptum.com

OMNIScriptum

Milton Keynes UK
Ingram Content Group UK Ltd.
UKHW032224011124
450424UK00002B/453